ANTIGUAS PROFECÍAS MAYAS

Walter Quiñones

Antiguas profecías mayas

Antiguas profecías mayas

© 1999, Walter Quiñones
© D.R. 1999, Lectorum, S.A. de C.V.
Antiguo Camino a San Lorenzo 220
C.P. 09830 México, D.F.
Tel. 612-0546
Primera reimpresión, marzo de 2000

ISBN: 968-7748-54-0

Portada: Mónica Jácome y Sergio Osorio
Impreso y encuadernado en México
Printed and bound in Mexico

Introducción

Las profecías

Por ese tiempo aparecerán falsos profetas... esto asegura una de las más antiguas profecías. ¿Verdad o mentira? Lo ignoro, lo único cierto es que en los últimos años han aparecido incontables "profetas" que han empleado a los mayas –o a los indios mesoamericanos– para predecir el fin del mundo occidental. Así como muchos otros que hablan de la inevitable catástrofe.

Pensemos en Carlos Castaneda, Eric von Danikën, Jesús Argüelles, Peter Thomkins, Adrian Gilbert y Maurice Cotrell –entre otros tantos–; aunque éstos –los aquí nombrados– han llamado profundamente la atención por la abundancia de libros publicados.

¿Se aproxima el fin del mundo? ¿Vendrá un nuevo Mesías?

La aproximación de fechas redondas en los calendarios ha sido siempre causa de miedo y alarmismo.

La entrada en el segundo milenio supuso una verdadera obsesión entre los pobladores del mundo medieval.

Y, desde hace algún tiempo, la mítica fecha del año 2000 –el 2001, el 2012– , el no va más en futuro, atrae con su sugerencia a la superstición y al cataclismo.

El concepto más global de estas predicciones ha dado en llamarse "paso de la era Piscis a la de Acuario". Según esta teoría, a principios del siglo XIX habría comenzado este tránsito que se completaría hacia mediados del siglo XXI. Al final de ese cambio, llegará un Nuevo Orden cercano a la Utopía y común a la mayoría de las culturas y tradiciones aborígenes del mundo.

Muchos son los llamados... centenares los que buscan una respuesta a toda clase de temores procedentes de la actual vida cotidiana, proyectados en el mañana, anhelando catástrofes para sus enemigos y bienaventuranza para los suyos.

Y las matemáticas mayas han sido uno de los lugares que más gusta a los "profetas".

Pero ¿cuánto sabemos acerca de sus profecías? ¿Quiénes fueron sus grandes profetas? ¿Es cierto que se acerca el fin? ¿Podemos hablar de profecías mayas o sencillamente de tablas y números?

Antes que nada, con indiferencia del credo profesado por el lector —si es o no es partidario de las profecías, si piensa que son ciertas o falsas— y sólo con el ánimo de conocer nuestro tema, vamos a mencionar algunas de las grandes profecías o sistemas que están vigentes, aquellas que mayor conmoción han causado en nuestro tiempo y voy a dar ejemplo de las más interesantes a mi criterio:

• El Apocalipsis bíblico y las profecías del Corán.
• El zodiaco de Babilonia (la torre de Babel), así como las predicciones por medio de cartas astrales chinas y de otros pueblos.
• Las profecías de Nostradamus o Michel de Nostredame.
• Las señales de la Gran Pirámide.
• Las predicciones científicas, a las que podemos llamar genéricamente la Amenaza Cósmica, como son: El Cinturón de Fotones, la Colisión de Asteroides, las Radiaciones solares, la Invasión, la Inversión Magnética, los Cataclismos —incluidas Guerra Termonuclear, Bacteriológica, etcétera—, el Eco suicidio.
• El Tercer Misterio de la Virgen de Fátima.
• Las profecías Atlántidas: vinculadas a la raza roja, entre las que cabe destacar las mayas, pero sin olvidar las hopis y las siux, entre otras.

Quizá no sean todas, pero aunque falte agregar muchas más, lo curioso es que existe una gran similitud entre ellas: días de oscuridad, muerte en millones de humanos, terremotos, energía atómica sin control, cambio en la órbita terrestre y luego de semejantes turbulencias, días de luz, paz y tranquilidad para los sobrevivientes.

Somos humanos, muchos de nosotros tenemos hijos y nietos, algunos sencillamente familia y amigos a quienes amamos y que no desearíamos ver sufrir ni morir por nada en el mundo. ¿Son verdad las profecías? ¿Se acerca el fin? ¡A quién no le interesaría saberlo!

Es por ello que hemos elegido uno de los temas más fascinantes del conocimiento humano: la cultura maya.

Los mayas fueron grandes profetas y hablaron de que ellos volverían a la Tierra en algún momento del tiempo futuro. ¿Estamos ahora por contemplar su retorno?

Éste es el tema de nuestro libro. Conocer qué dijeron, cómo llegaron a dichas conclusiones y si podemos hacer algo al respecto… o no hay escapatoria alguna y debemos esperar el fin cruzados de brazos ante lo inevitable.

Vamos, por todo lo anterior, a comenzar por plantearnos *¿qué es la profecía?* Veremos algunas de las definiciones más usuales. Y pondré ejemplos de los grandes sistemas de adivinación que han estado presentes desde el inicio de los tiempos. Ya con este conocimiento general, penetraremos en el mundo de los mayas.

Grandes profecías

En el Antiguo Testamento como en el Corán se relata mucha de la información de los primeros profetas. En los tiempos bíblicos, ni reyes, ni sacerdotes, ni jueces o gente adinerada era inmune a los castigos proféticos.

Con los años, de las profecías religiosas se pasó a las predicciones de seres desligados de la divinidad —sujetos que no profesaban ninguna relación especial con Dios o "falsos profetas"— cuyas alertas caen dentro de las leyes de lo paranormal y del pensamiento precognitivo, con consecuencias que no pueden ser cambiadas por la oración o por el arrepentimiento. Y cuyas visiones son, por lo general, apocalípticas.

9

En otras palabras, los antiguos profetas aleccionaban por medio de amplias alegorías, mientras que los vaticinadores que vinieron a continuación dieron vuelta la temporalidad: la rigidez del pasado fue implantada al futuro, el cual quedó cerrado no ya a interpretaciones, sino a presagios irrefutables.

Tan fuerte ha sido esta tendencia, que se habló del posible origen extraterrestre de los dioses de la antigüedad. En otras palabras, ya no había Dios —o dioses— sino sencillamente seres mortales que en algún momento de la historia dejaron sus huellas en las hijas de los hombres, entonces más que profecía estábamos en el terreno de la espiral del tiempo, donde el ayer gobernaría al mañana. Un ejemplo de todo esto ha sido el llamado fenómeno OVNI.

Luego pasamos de la sabiduría de los antiguos profetas a la relación del adivino que, como el *Fausto* de Goethe, es capaz de vender el alma con tal de poseer el conocimiento.

E incluso escuchamos narraciones fantásticas de civilizaciones muy oscuras, hundidas probablemente en el océano Atlántico, cuyos descendientes son chamanes, hombres de conocimiento o videntes nahuales, en otras palabras, brujos o hechiceros apartados de la mano de Dios, de quienes obtenemos oráculos precisos y preciosos, pero inexorables.

Un ejemplo de esto último es el caso del famoso brujo yaqui, a quien Carlos Castaneda llamó Don Juan y que convierte en personaje de novela, sujeto de verdades irrefutables, apodíctica palabra.

Pero, ¿qué es la "profecía"? ¿Es simplemente un pronóstico? ¿Un designio irreversible, inexorable, una fatalidad? ¿O podemos pensar en que la profecía, cuando es sagrada y no simple palabra de mercachifle, abre otras puertas del saber?

Profecía

La palabra *profecía*, derivada de la palabra griega "profetúa", significa *predecir* y puede referirse al don sobrenatural que consiste en conocer —por inspiración divina— las cosas distantes o futuras; puede referirse también a la misma predicción hecha en virtud de ese don.

Es decir, el profeta es aquel que ve en el futuro y predice acontecimientos que ocurrirán. Curiosamente, con el afán de mostrar lo evitable y lo inevitable. Y siempre siendo heraldo de Dios o de la Divinidad.

Pero no está orientado en numerología, interpretaciones mánticas (quiromancia, lectura de café, buenaventura, etcétera), zodiacos u otros medios esotéricos. Sino en el saber inspirado por el Ser Supremo y, en consecuencia, en la libertad otorgada al ser humano llamada libre albedrío.

Sin embargo, a pesar de que la profecía, entonces, no es inamovible, sino un sistema abierto, una advertencia, una y otra vez escuchamos oír hablar de ellas como si se tratara de designios a modo de maldiciones, de las que no podemos escapar.

Dos puntos nos llaman la atención de las profecías, sin importar su origen:

1) En primer lugar, que vendrá un tiempo de desastres.

2) En segundo término, la llegada de un Mesías que nos liberará de todo mal.

3) Veamos, en primer lugar, el llamado:

Tiempo de la calamidad

Este anhelo de saber lo que va a ocurrir mañana parece ser muy antiguo y está vinculado a nuestro más profundo instinto, como una parte del Ego cuya función es mantenernos con vida. La predicción de acontecimientos nos permite prepararnos a las circunstancias y adaptarnos mejor a las cambiantes condiciones de la vida. El problema surge cuando estos planes de vida o proyectos se consolidan en horóscopos o pronósticos ineludibles.

Uno de estos vaticinios que solemos oír con mayor frecuencia es el del fin del mundo. Una proyección de los más fantásticos deseos individuales sobre el tejido del porvenir, donde desaparece la libertad y los seres humanos nos vemos conducidos a una muerte violenta, sangrienta y vengativa.

Cuando se establece el designio, el mundo es vivido como un lugar cerrado, sin opciones, con un único camino a seguir, del cual seremos redimidos tras un acontecimiento catastrófico que abra las puertas a un mañana mejor. Entonces surge la idea del castigo y el Apocalipsis aparece. Se vive al futuro como una réplica del pasado, linealmente, sin opciones, como si todos los acontecimientos hubieran sido escritos de antemano y los hombres y sus sociedades no fueran más que títeres o actores de reparto, pues el protagonismo estaría en un autor demasiado estricto y el profeta sería como un director apegado demasiado fielmente al libreto. Pero lo más probable es que Dios no viva en mundos cerrados…

No es momento de entrar en teología ni metafísica, pero, ¿qué padre amoroso buscaría darle la vida a una criatura sólo para castigarla? Es ridículo.

Veamos ahora, en segundo término, la contraparte de esta ilusión trágica nacida de la ansiedad paranoide, a la que he denominado:

La llegada de un Salvador

Cada una de las religiones mayores del mundo contienen Profecías Mesiánicas. Cristiandad, judaísmo, islam, hinduismo, budismo, la religión de Zoroastro e incluso las religiones americanas nativas, todas, predicen la venida de un Prometido. Cada uno de los fundadores de estas grandes religiones prometió volver personalmente o enviar a otro. En algunos casos, el fundador prometió hacer ambos trabajos.

Los cristianos, por ejemplo, esperan el retorno de Cristo y la venida de "otro confortador". Las escrituras judías predicen la venida de "otro profeta" como Moisés y el retorno de Elijah del Cielo. Los musulmanes buscan el Dios que bajará del cielo —algunos también esperan la aparición de Mahdi y Meseeh—. En tanto que Krishna dijo que él volvería personalmente. Buddha, en cambio, no se comprometió a retornar, afirmó que él no fue el primer Buddha y que otro Buddha "sumamente ilustrado" todavía iba a venir. El profeta Zoroastro prometió a sus seguidores que Dios iba a levantar algún día a otro profeta, nacido en la línea familiar de los reyes persas y que esto ocurriría en menos de dos mil años. Las profecías americanas nativas predicen la venida de un hombre blanco barbado, del Este, que traerá enseñanzas que restaurarán el aro de unidad.

Cada religión, dentro de su manera propia, ha predicho la venida de un Grande, el cual restaura la religión, une al mundo y trae la paz, un Mesías.

Durante siglos, las personas han estado esperando y orando por ser ellos la generación que dé testimonio de la aparición de su Prometido.

Pero no muchos han considerado la posibilidad de que estas profecías sean completamente falsas o, por el contrario, que puedan realmente estar prediciendo el mismo evento exacto… Y que tal vez se cumplirá o se esté cumpliendo en este momento. Esto es lo curioso de esta ansiedad mesiánica, pide la llegada del Salvador, pero en forma paralela este arribo siempre será el día de mañana, nunca hoy ni aquí.

Como vemos, aquí nos enfrentamos a otro tipo de proyección de deseos humanos, esta vez se trata de ansiedades depresivas, reconciliatorias, donde una pareja celestial aguarda el nacimiento del redentor.

Ahora que tenemos demarcado el campo en dos parcelas, el de la promesa de la muerte segura y el de la promesa de la vida eterna, adentrémonos un poco más en los contenidos de estas "profecías". Primero vamos a tratar acerca de las grandes catástrofes, luego de las posturas intermedias y finalmente en las promesas de redención.

1) Profecías sobre el fin del mundo

Basándose en textos hindúes, Georgei fija el final del cambio hacia el 2030, "entonces la Tierra se partirá en dos", asegura.

13

Jean Phaure, partiendo de estudios astrológicos y tradiciones egipcias, griegas e indo arias, sitúa el acontecimiento de la gran catástrofe los años comprendidos entre el 2012 y el 2160.

Jean Tourniac se basa en el esoterismo occidental para fijar en 1980 el comienzo del fin de la actual Edad de Hierro.

Continuemos con las profecías calamitosas:

San Malaquías predijo en 1143 una lista de 111 papas desde sus días hasta el Final de los Tiempos. Vienen nombrados a través de un lema y esta lista se ha cumplido con toda exactitud. Juan Pablo II es el número 110, luego viene el de lema "De Gloriae Olivae" y finalmente el último, que aparece como Pedro Romano II. Los dos últimos ocuparán su trono después de iniciado el Fin de los Tiempos.

Sor Natividad de Bretaña, en 1819, profetizó: "No llegará el año dos mil sin que el mundo haya concluido, como lo he visto en presencia de Dios."

Esto quiere decir que Occidente espera el fin del mundo para el año 2000… ¿El año 2000?

Para los judíos será el año 5760, para los budistas el 2543 y para los musulmanes el 1419; solamente para los occidentales que seguimos el calendario gregoriano será el año 2000, aunque incluso esta fecha parece ser imprecisa. Pues en realidad, ya nadie discute que Jesucristo hubo de nacer antes del año 0… y que no estamos celebrando el año 2000, sino otro. Pero como el convencionalismo la hace fecha normativa y sobre ella se centran los temores, miedos y en algunos casos, esperanzas, por el inicio del tercer milenio, el año 2000 se ha convertido en un asunto mítico. Aunque también esto del tercer milenio es equívoco, porque el tercer milenio comienza el 1° de enero del año 2001.

Pero no estamos hablando de lógica ni de razón, de precisión ni de ciencia. Hablamos de supersticiones, de *profecías* interpretadas, de fe y de miedo. Hablamos del fin del mundo.

En 1498, el cabalista italiano Pico della Mirandola fijó en el año 2001 la fecha del fin del mundo. Y unas décadas después, el adivino Michel de Nostradamus publicó una gran cantidad de predicciones cuya fiabilidad está considerada muy alta.

Entre las que aún no se han cumplido están las referidas al Anticristo y a la tercera guerra mundial provocada por él.

Esto habría de suceder casi un siglo después de la Segunda Guerra Mundial –acontecida entre los años 1936 y 1945, por lo que sería antes del año 2050 cuando comenzara el desastre predicho por Nostradamus– y, conjuntamente, el fin del mundo sucederá debido a una serie de alteraciones climáticas y orográficas que producirán en la raza humana una gran masacre.

Después se originará un nuevo orden entre los supervivientes y reinará la paz y la armonía. El propio Nostradamus afirma que sus profecías son evitables con mucha fuerza de voluntad, y esa es la razón de que las difunda. Además, las visiones no tienen carácter de hecho consumado, sino de inspiración dictada por Dios, es decir, un decir con un amplio margen de interpretación.

Las apariciones marianas en Garabandal (Santander), a principios de los años sesenta de nuestro siglo, fijaron como anteriores al fin del mundo dos eventos: un aviso y un milagro. La fecha del aviso habría de ser el 13 de abril de 1995, pero ese día no sucedió nada. Según estas mismas profecías, el Fin de los Tiempos vendría después del tercer Papa desde Juan XXIII, es decir, a la muerte de Juan Pablo II.

Todas estas tradiciones –y otras muchas que coinciden enormemente hacia las fechas en que vivimos– hablan del fin del mundo, pero no se refieren con ello a la desaparición del planeta ni de la raza humana (por más que algunos augurios aseguren la desaparición de las dos terceras partes de la población) sino al fin de la era oscura: la superación de las guerras, los dolores y los engaños. Será un tiempo de verdad, de paz y espiritualidad, una nueva Edad de Oro que haga crecer y desarrollarse el concepto humano.

Dentro de este enorme acervo de profecías del fin del mundo, veamos, ahora, una de las advertencias más importantes de nuestro siglo y, a continuación, algunas otras advertencias:

I) Mensaje importante de la Virgen de Fátima

Radicales son estas profecías cristianas, donde se pone en evidencia el llamado "castigo de Dios", veamos de qué tratan:

La Iglesia ha dado permiso de revelar a los fieles una parte del mensaje de Fátima, pues la Santísima Virgen apareció frente a tres niños en 1917.

Esta aparición, aprobada por la Iglesia, se ve confirmada por una de las tres niñas que aún vive, se llama Lucía y ahora es la Hermana Lucía porque es monja y se encuentra en un claustro de Europa.

La Hermana Lucía dio el mensaje primeramente al papa Pío XII, quien al terminar de leerlo estaba temblando pero lo guardó y no lo dio a conocer. A su debido tiempo lo leyó también el Papa Juan XXIII, quien hizo lo mismo. Ellos actuaron así, porque sabían que al ser revelado produciría en la humanidad un caos o desesperación.

Ahora se revela otra parte más, para no causar pánico ya que la gente debe de conocerla para prepararse, la Virgen le dijo a Lucía:

—Ve hija mía, di al mundo lo que pasara entre los años 1950 al 2000. Los hombres no están poniendo en práctica los mandamientos que nuestro Padre nos dio. El demonio está dirigiendo al mundo, sembrando odio y cizaña por todas partes. Los hombres fabricarán armas mortales que destruirán al mundo en minutos. La mitad de la humanidad será horrorosamente destruida. La guerra empezará contra Roma, habrá conflictos entre las órdenes religiosas. Dios permitirá que todos los fenómenos naturales, como el humo, el granizo, el frío, el agua, el fuego, las inundaciones, los terremotos, el tiempo inclemente, desastres terribles y los inviernos extremadamente fríos, poco a poco acabarán con la Tierra.

"Estas cosas de todos modos sucederán antes del año 2000.

"Aún es tiempo para los que quieran creer en lo que con amor les dice su Madre Santísima y los que lamentablemente no pongan en práctica el amor y la caridad —ya que éstos son símbolos del verdadero cristiano—, como la gente que se complace sólo en los bienes materiales, los egoístas, los faltos de caridad hacia el prójimo y los que no se amen unos a otros como mi Hijo los ha amado, a todos esos, decirles que no pueden sobrevivir en la nueva vida.

"La clase de castigos que están frente a nosotros, en la Tierra, es inimaginable, y vendrán, no hay duda. Dios Nuestro Señor castigará duramente a quienes no crean en Él, a los que lo despreciaron, y a los que no tuvieron tiempo para Él.

"Llamo a todos a que vengan hacia mi Hijo Jesucristo; Dios ayuda al mundo, pero todo el que no dé testimonio de fidelidad y lealtad hacia Él, será destruido en forma peor."

El padre Agustín, quien reside en Fátima, dice que el papa Paulo VI le dio permiso para visitar a la hermana Lucía. Ella lo recibió muy acongojada y le dijo:

—Padre, Nuestra Señora está muy triste porque nadie ha tomado interés en su profecía de 1917, así los buenos tienen que caminar con sacrificios por un camino estrecho; los malos van por un camino amplio que los lleva directamente a la destrucción. Y, créame padre, el castigo vendrá muy pronto. Muchas almas pueden perderse y muchas naciones desaparecerán de esta Tierra. Pero en medio de todo esto si los hombres reflexionan, rezan y llevan a cabo buenas acciones, el mundo podrá ser salvado.

"En caso contrario, si los hombres insisten en sus maldades el mundo se perderá para siempre. Ya ha llegado el tiempo de pasar el mensaje de la Virgen de Fátima a sus familiares, a sus amigos y al mundo entero, de empezar a rezar, de hacer penitencia, de sacrificarse. Estamos cerca del último minuto, del último día y la catástrofe se aproxima.

"Debido a esta catástrofe, muchos que un día se apartaron, regresarán arrepentidos a los brazos abiertos de la Iglesia Católica. Regresarán Inglaterra, Rusia, China, los protestantes y los judíos. Todos regresarán, adorarán y creerán en Dios Nuestro Señor y en su Hijo Jesucristo y en la Santísima Virgen María."

El padre Agustín afirmó ante Su Santidad que se habla de paz y de tranquilidad pero que el castigo vendrá. Esto fue lo que le comunicó al Pontífice, luego de haberse visto con la Hermana Lucía:

—Un hombre en puesto muy alto será asesinado y esto provocará la guerra, será una guerra fría al comienzo. Una armada poderosa caminará a través de Europa y la guerra atómica empezará. Esta guerra destruirá todo, las oscuridad caerá sobre la tierra por setenta y dos horas (tres días) y la tercera parte que sobreviva empezará a vivir en una nueva era para ellos, serán buena gente.

"En una noche muy fría diez minutos antes de la medianoche, un gran terremoto sacudirá la tierra durante ocho horas. Ésta será la tercera señal de que Dios es el que gobierna la Tierra. Los buenos y los que propaguen el mensaje o la profecía de la Virgen de Fátima, no deberán temer, no tengan miedo.

"Arrodíllense y pidan perdón a Dios. No salgan de su hogar ni dejen a nadie extraño entrar en él. Porque sólo lo bueno no estará en poder del mal y sobrevivirá a la catástrofe."

Ambos religiosos se miraron consternados y fue por ello que emitieron una serie de recomendaciones para salvarnos del cataclismo:

Para que ustedes se preparen y puedan permanecer con vida, la Virgen de Fátima dio las siguientes señales:

1) La noche será muy fría;

2) soplarán fuertes vientos;

3) habrá angustia y en poco tiempo comenzará el terremoto, temblará la tierra.

4) Cierra puertas y ventanas y no hables con nadie que no esté en tu casa.

5) No mires hacia fuera, no seas curioso pues ésta es la ira del Señor.

6) Enciende las velas benditas, ya que por tres días ninguna otra luz encenderás.

7) El movimiento será tan violento que transformará la tierra moviéndola 23 grados y luego la regresará a su posición normal.

8) Entonces vendrá una absoluta y total oscuridad que cubrirá a la Tierra entera.

9) Todo espíritu maligno andará suelto haciendo mucho mal a las almas que no quisieron escuchar este mensaje y a los que no quisieron arrepentirse.

10) Las almas fieles, recuerden prender las *velas benditas*, preparen un Altar Sagrado con Crucifijo, para comunicarse con Dios y pedirle Su Infinita Misericordia.

11) Todo estará oscuro, aparecerá en el Cielo sólo una gran *cruz mística* para recordarnos el precio que Su Hijo pagó por nuestra redención.

12) En las casas lo único que podrá dar luz, serán las *velas de cera benditas*, las que una vez prendidas, nada podrá apagar hasta que pasen estos tres días de tinieblas.

13) También deben de tener *agua bendita* que rociarán abundantemente por toda la casa, en especial en puertas y ventanas. El Señor protegerá la propiedad de los elegidos.

14) Arrodíllense ante la Cruz poderosa de mi Divino Hijo, recen el rosario y después de cada Ave María digan lo siguiente: "Oh Dios perdona nuestros pecados, sálvanos del fuego del infierno y lleve al Cielo a las almas especialmente a las más necesitadas de Misericordia. Virgen María protégenos, te amamos, Sálvanos, salva al mundo." Recen cinco credos y el Rosario, que es el secreto de mi Corazón Inmaculado.

15) Aquellos que crean mis palabras y lleven mi mensaje a los demás, no deberán temer nada en el Gran Día del Señor: Hablen a todas las almas, ahora que aún hay tiempo.

16) Los que callen ahora, se harán responsables por ese gran número de almas que se pierdan por ignorancia.

17) Todos los que recen humildemente mi Rosario, alcanzarán la gran protección del Cielo y yo los haré morir en la paz y los haré entrar benditos en el otro mundo.

18) Deseo que todos los fieles vayan a la Iglesia cada primer viernes y cada primer sábado del cada mes, que confiesen y comulguen y, así ayuden a salvar al mundo de la destrucción total.

19) Cuando la tierra ya no tiemble aquellos que todavía no crean en Nuestro Señor morirán horriblemente. El viento traerá gas y lo regará por todas partes, entonces saldrá el sol. Puede ser que ustedes vivan después de esta catástrofe.

20) No olviden que el castigo de Dios es Santo y que, una vez comenzado, no deben mirar hacia fuera por ningún motivo, ya que Dios no quiere que ninguno de sus hijos vea cuando castigue a esos pecadores.

Todo esto compagina con las Sagradas Escrituras, vean el Nuevo Testamento de San Lucas, capítulo 21 versículos 5-11, 12-19, 20-28, 29-33.

II) La amenaza cósmica

Dentro de este punto vamos a tratar algunos de los temores más difundidos: nubes de partículas, choques con cometas o planetas, cambios radicales en el sol o en la propia Tierra. Un sinnúmero de catástrofes que podríamos llamar "naturales", cuyo acontecimiento marcaría el fin. Son tantas que decidí dividirlas en secciones.

Curiosamente, en los últimos años se han descubierto asteroides cercanos a la Tierra, variaciones en el campo geomagnético, modificaciones importantes en las manchas solares —y en sus ciclos de once años—, así como la aproximación del sistema solar al llamado cinturón de fotones.

Por lo que podemos llamar a este conjunto de desastres la "amenaza cósmica". Cualquiera de estos fenómenos en sí mismo podría ser la causa de enormes problemas en el globo terrestre e, incluso, del fin de la humanidad. Combinados traerían aparejada la extinción de toda la vida en la Tierra.

Veamos punto por punto de qué se trata:

a) El cinturón de fotones

Los profetas del llamado cinturón de fotones, aseguran que el sistema solar puede que entre, antes del año 2010, en una vasta región cósmica de luz, llamada el "cinturón de fotones". Al atravesarla, la rotación de la tierra cesará y como consecuencia, se romperán los campos magnéticos, no habrá vientos ni mareas, se cortará la energía totalmente; nuestro planeta quedará quieto durante cinco días, de los cuales tres días serán de sombra y de frío por la ausencia del contacto con el sol.

Va a ser una semana de caos, sin intercambios ni servicios; para lo cual la Confederación Galáctica —es lo que dicen— aconseja a la humanidad que almacene agua, velas, alimentos y que se mantenga unida para asegurar su supervivencia.

Concluida esta semana, la tierra saldrá del centro del anillo y comenzará a atravesar la segunda mitad de cinturón durante diecisiete años, hasta llegar a su desembocadura en el año 2030. En el cual nuestro Sistema solar ingresará en la quinta dimensión para acercarse a la constelación de Sirio.

El cinturón está compuesto por infinidad de fotones o partículas de luz y tiene la forma de una gigantesca rosquilla.

El cinturón fue descubierto e identificado en 1961, cerca de las Pléyades, gracias a los satélites de la NASA.

El fenómeno, sin embargo, fue detectado mucho antes, a principios del siglo XVIII, cuando el astrónomo británico sir Edmund Halley observó que al menos tres estrellas de las Pléyades no estaban en la misma posición que registraran los griegos en la época clásica.

Puesto que la diferencia de localización era considerable, Halley concluyó que las Pléyades se desplazaban siguiendo un movimiento específico.

Un siglo después, sus observaciones fueron confirmadas por el astrónomo alemán Frederick Wilhelm Bessel, quien descubrió que las Pléyades describían un movimiento de unos 5.5 segundos de arco por siglo.

Más recientemente, el investigador Paul Otto Hesse descubrió que, perpendicular al movimiento de las estrellas, existía un cinturón de fotones en forma de rosquilla gigante con una extensión de unos dos mil millones de kilómetros.

De ser ciertas las conclusiones de Bessel y Hesse, la Tierra estaría completando un ciclo de entre 24 000 y 26 000 años, dividido en cuatro periodos, en relación con dicho cinturón, lo que cambiará al planeta, al Sistema solar y al ser humano para siempre.

La Confederación Galáctica lo ha advertido años antes y por diferentes medios a las autoridades de los Gobiernos y de las Iglesias, pero éstas una vez más ocultaron algo de vital importancia para la humanidad.

b) Colisión

¿Qué ocurriría si un planetoide del tamaño del monte Everest colisionara con la Tierra?

Lo primero que debemos saber es la velocidad del cuerpo y el lugar donde cae. Pues no causará los mismos efectos cayendo en Siberia, en la mitad del mar o en Yucatán.

En el primer caso, la explosión de un cuerpo semejante cuya velocidad no alcanzara los cien mil kilómetros por hora, produciría un gigantesco incendio y un cráter enorme. Pero la vida humana probablemente podría sobrevivir al impacto.

El segundo caso es más benigno, pues además de los maremotos, probablemente nada sucedería.

Y el tercero es mortal. El terreno cárstico de Yucatán, la velocidad del impacto y la cercanía al mar generarían el fin del mundo. Todas las formas vivas que estuvieran cerca al lugar de la explosión —digamos México, Centro América y el Caribe— desaparecerían de inmediato a causa del calor generado. Una inmensa ola inundaría las costas de todo el mundo. El humo generado, así como el polvo, cubrirían la atmósfera y el sol dejaría de brillar.

Instantes después a la explosión y a la ola de calor, comenzaría un bombardeo de piedras cristalizadas que un instante atrás fueron fundidas y arrojadas a la estratosfera. Y que ahora, atraídas por la gravedad, caerían condensándose en ráfagas de ametralladora. Una especie de granizo petrificado.

Luego de los incendios y de la lluvia ácida, el invierno se dejaría sentir. Pero, lamentablemente, sería de unos cuantos días, pues el efecto invernadero convertiría al planeta en una olla de gas hirviente y en tinieblas.

Recientemente supimos que el planetoide Hercóbulus se acerca y pronto sentiremos sus terribles efectos. No sólo de éste, sino de una nube de asteroides que se encuentra dentro de la misma trayectoria terrestre.

El astrónomo chileno Carlos Muñoz Ferrada fue el primero que dio a conocer la trayectoria y perturbaciones por la que pasaría el cometa Halley, dicho cometa alteraría su velocidad y pasaría más cerca del sol, cosa que ocurrió cuando Halley se adelantó 36 horas en su tiempo orbital pasando por el sol a 85 millones de kilómetros. Ahora Muñoz Ferrada revela las consecuencias que Hercóbulus causará a nuestro mundo y cómo nos da hasta el día y la hora en que será visto.

¿Adivinaron? El séptimo mes del año 1999, ¿usted lo vio? Yo no…

Sin embargo, a pesar de los errores de apreciación del chileno, otro astrónomo, Immanol Velikovsky, el primero en exponer que un cometa se había acercado mucho al mundo en tiempos de los egipcios, expuso una teoría de catástrofe por impacto que en mucho ha resultado ser cierta.

Velikovsky fue el primero, también, en afirmar que los cometas no eran objetos rocosos sino que estaban hechos en su mayor parte de hidrocarburos y hielo, algo que ahora se sabe que es verdadero.

Apenas hace poco Júpiter fue golpeado por los restos de un cometa. Las características del impacto resultante fueron fotografiadas por astrónomos y nos dan una demostración gráfica de la vulnerabilidad de los planetas.

Sólo después de que ocurrió esto, lo cual con facilidad podría haber implicado a la Tierra en lugar de a Júpiter, los científicos espaciales han vuelto su curiosidad al fin de la especulación frívola acerca de una posible "gran explosión" en los lugares recónditos del espacio y del tiempo, a los peligros de explosiones mucho más pequeñas cerca de casa.

La investigación subsecuente revela que hay literalmente miles de cometas en órbita alrededor del sol, cualquiera de los cuales podría ser desviado por algún encuentro al azar hacia una trayectoria amenazadora para la Tierra.

Algo así debió ocurrir hace 65 millones de años cuando los grandes dinosaurios se extinguieron.

c) Cambio en el magnetismo terrestre

Mucho se habla de ciertos cambios en el planeta y de los síntomas corporales que sentimos a diario como consecuencia de estas modificaciones, tales como dolores de cabeza, disturbios visuales, ansiedad, problemas respiratorios, cardiovasculares, infecciones, etcétera. Y lo que ocurre es que los cambios electromagnéticos que se suceden hoy –dicen los profetas de la imantación, que desde Mesmer no dejan de maravillarse con la electricidad, la hipnosis y los campos magnéticos– transforman nuestros cuerpos.

Se están produciendo diferentes cambios en el sistema solar. Se están produciendo cambios en la Tierra: climatológicos, geológicos, atmosféricos...

Hay nueva radiación –que la vida terrestre está percibiendo– debido a la ruptura de la capa de ozono. Sufrimos calentamiento del planeta y miles de formas vivas perecen cada año. ¿Estamos a un paso de la catástrofe?

Pudiera ser. Pero también es posible que una nueva frecuencia electromagnética esté recorriendo al planeta.

Esto se debe a dos factores. Primero a que el magnetismo terrestre ha demostrado ser últimamente fluctuante.

¿Fluctuante? Sí, según informes de los centros de estudios Geológicos de la NASA, se han descubierto alteraciones en el campo magnético de la corteza terrestre. Esto puede deberse a que los movimientos de las capas de lava debajo de la corteza transportan minerales y elementos metálicos que se van desplazando en otras direcciones, entonces cambia el lugar de los imanes. Y, por ende, se modifican los campos.

Y en segundo lugar, los científicos han observado que el magnetismo terrestre ha cambiado a lo largo de las eras. Los científicos han estudiado y observado que la actitud de la flora y fauna está cambiando en estos días. Han visto que los animales a veces cambian sus rutas y hábitos migratorios. ¿Por qué? Han descubierto que los meridianos de latitud y longitud —en que han dividido el planeta de acuerdo con los polos norte y sur— son diferentes a las coordenadas que teníamos hace un siglo.

El eje terrestre está sufriendo un ligero desplazamiento y lo han observado en los estudios geológicos… ¿Qué ocurriría si hubiera un cambio en el magnetismo terrestre, el cual ha ocurrido varias veces en el pasado?

En su exitoso libro *Earth in Upheaval*, el historiador I. Velikovsky explicó lo que podría ocurrir si la Tierra se inclinara sobre su eje:

En ese momento un terremoto haría estremecer al globo. El agua y el aire continuarían moviéndose por inercia; huracanes azotarían a la Tierra y los mares se precipitarían sobre los continentes, acarreando grava y arena y animales marinos, arrojándolos a la tierra. El calor aumentaría, las rocas se fundirían, los volcanes harían erupción, la lava fluiría a través de las fisuras en el suelo roto y cubriría áreas vastas. En las planicies surgirían montañas y se treparían y viajarían sobre las estribaciones de otras montañas, causando fallas y grietas. Los lagos se inclinarían y se vaciarían, los ríos cambiarían sus lechos; grandes áreas de tierra con todos sus habitantes se hundirían bajo el mar. Los bosques se incendiarían y los huracanes y los mares enfurecidos los arrebatarían de la tierra en la que crecieron y los apilarían, ramas y raíces, en montones enormes. Los mares se convertirían en desiertos, y sus aguas se redistribuirían lejos.

Y si un cambio en la velocidad de la rotación diurna [disminuyendo la velocidad del planeta] acompañara al cambio del eje, el agua confinada en los océanos ecuatoriales se retiraría a los polos por la fuerza centrífuga y grandes marejadas y huracanes se precipitarían de polo a polo, llevando a renos y focas a los trópicos y a leones del desierto al Ártico, moviéndose del ecuador hasta las cordilleras montañosas de los Himalayas y bajando hasta las selvas africanas; y rocas desmoronadas desprendidas de las montañas hendidas se dispersarían sobre distancias enormes; y rebaños de animales serían barridos de las planicies de Siberia. El cambio del eje modi-

ficaría el clima de todos los lugares, dejando corales en Terranova y elefantes en Alaska, higueras en el norte de Groenlandia y bosques exuberantes en la Antártida. En el caso de un cambio de eje rápido, muchas especies y géneros de animales terrestres y marinos serían destruidos, y las civilizaciones, si las hay, reducidas a ruinas.

Velikovsky continúa:

Es abrumadora la evidencia de que las grandes catástrofes globales han sido acompañadas o causadas por un cambio del eje terrestre o por una perturbación en los movimientos diurno y anual de la Tierra... El estado de las lavas con magnetización invertida, cientos de veces más intensas de lo que podría impartir el campo magnético terrestre invertido, revela la naturaleza de las fuerzas que estaban en acción... Muchos fenómenos mundiales, para cada uno de los cuales la causa se buscaría en vano, son explicados por una sola causa: los cambios súbitos de clima, la transgresión del mar, actividades volcánicas y sísmicas vastas, formación de cubierta de hielo, crisis pluviales, surgimiento de montañas y su dislocación, elevación y hundimiento de costas, inclinación de lagos, sedimentación, fosilización, la procedencia de animales y plantas tropicales en regiones polares, conglomerados de animales fósiles de latitudes y hábitats variados, la extinción de especies y géneros, la aparición de especies nuevas, la inversión del campo magnético de la Tierra y muchos de otros fenómenos mundiales.

En resumen, Velikovsky sugiere que la Tierra puede ser destruida por fuego, agua, viento y lluvia volcánica, proporcionándonos un escenario que tiene una semejanza sorprendente con el fin de cada una de las cuatro eras.

Todas las culturas mencionadas anteriormente y otras —como los mayas o los celtas— tuvieron presente la existencia de cuatro edades en la vida del mundo —Edad del Oro o Áurea, Edad de Plata, Edad de Bronce y Edad del Hierro— y nosotros estaríamos viviendo el final de la última.

Esto es un dato curioso que debemos mantener en la mente, pues, como veremos más adelante, existen otras "coincidencias" interculturales que llamarán poderosamente nuestra atención.

d) Manchas solares

Las manchas solares aparecen y desaparecen en ciclos de 11 años, aproximadamente. Alcanzando máximos y mínimos en forma también periódica.

Y cuando se relacionan estas actividades solares con la vida en la Tierra y la historia de las civilizaciones, se producen muy curiosas coincidencias. Por ejemplo, tanto el campo magnético del sol como el de las manchas solares se invirtieron alrededor de la época en que desaparecieron los mayas.

Si seguimos una secuencia de estas altas y bajas –además de los llamados días largos del sol– la fecha del 22 de diciembre del año 2012 podría significar una destrucción terrestre, debido al súbito incremento de la actividad estelar.

A partir de sus estudios de la actividad de las manchas solares y el calendario maya, Maurice Cotterell ha concluido que la profecía maya del fin de la quinta era se refiere a una súbita inversión del campo magnético de la Tierra.

e) Ecocidio

Vinculada a la actividad solar, pero también a la humana, está la desaparición de la capa de ozono y el aumento de las temperaturas atmosféricas hasta conformar lo que se ha llamado "efecto invernadero".

El oscurecimiento de la atmósfera, cuyas consecuencias sería la extinción de las plantas y, consecuentemente, de todas o de la mayor parte de las formas de vida en la Tierra, podría ser el fin de la humanidad.

Esto ya sucedió realmente, pues grandes catástrofes provocadas por la caída de planetoides (hace aproximadamente 65 millones de años) o por erupciones volcánicas masivas (hace 250 millones de años) trajeron como consecuencia que el sol se volviera invisible y con ello la desaparición de las formas vegetales y, aunado a ésta, la extinción de más de 75% de todas las especies animales del planeta.

Si seguimos quemando las selvas y combustibles fósiles, es posible que este oscurecimiento atmosférico se transforme en una realidad que nos aniquile.

f) Alineación planetaria

Otro de los fenómenos que adoran los pronosticadores de desastres es la esperada alineación planetaria, que tendrá lugar en el mes de mayo del año 2000. Y aunque ha habido "alineaciones" durante todos los años noventa, ésta, la máxima, incluirá al sol, Mercurio, Venus, Marte, Júpiter, Saturno y la Luna, perfectamente en línea; el resto de los planetas se encontrarán a pocos grados de diferencia.

Los astrónomos estiman que tal conjunción provocará un fuerte "tirón" gravitacional sobre nuestro planeta, con consecuencias imprevisibles.

Aunque la mayoría de la humanidad ignora todavía la proximidad de este nuevo fenómeno astronómico, los guardianes de antiguas tradiciones han comenzado a vocear su inquietud y las grandes compañías de seguros a hacer sus prospecciones.

Este tipo de conjunción es inusual: algunos calculan que puede ocurrir aproximadamente cada tres mil quinientos años; para otros, tendría un ciclo de alrededor de 12 500 años. Algunas leyendas ofrecen impresionantes relatos acerca de las consecuencias de tal fenómeno astronómico: actividad volcánica, maremotos y perturbaciones electrónicas, pero no una catástrofe universal.

2) El misterio: abriendo los secretos de las pirámides

En cambio, en un terreno menos violento, aunque lleno de incógnitas y misterios, se hallan las claves ocultas de la Gran Pirámide. Esto es, a grandes rasgos, lo que nos cuentan:

En los siglos antes de Cristo, cuando Alejandría era preeminente entre las ciudades del mundo griego y sus ciudadanos eran grandes viajeros, había Siete Maravillas cuya reputación superó a todas las otras construcciones humanas y tal fue su reputación que quisiéramos verlas más no fuera una sola vez en nuestras vidas.

Seis de éstas han desaparecido. Sólo uno permanece para nosotros: la pirámide de Egipto.

Sin el beneficio de otro instrumento a no ser la polea, los egipcios construyeron montañas de piedra con una precisión que asombra de verdad y las colocaron sobre el suelo del desierto. Todavía la pregunta más enigmática es por qué y no cómo ellos las construyeron. ¿Por qué hicieron los egipcios pirámides si nunca antes se habían construido? ¿Por qué las construyeron tan grandes y con tal precisión? ¿Por qué las esparcieron por el desierto, en lugar de construirlas en un único lugar?

La Egiptología contemporánea no tiene ninguna respuesta convincente.

Escoja cualquier libro de texto que trate sobre historia antigua y encontrará siempre la misma declaración: las pirámides funcionaron como tumbas reales.

Pero ¿por qué?, cuando un agujero simple en la tierra hubiera sido suficiente, ¿los egipcios escogen construir tumbas de 147 metros de alto?

¿Por qué este esfuerzo prodigioso para alojar un cuerpo muerto?

Incluso dado que los faraones eran autócratas y se les veneró como a dioses vivientes, estas construcciones parecen una pérdida colosal de tiempo y energía, en una sociedad que debía aprovechar sus recursos.

Los egipcios estaban muy civilizados y eran profundamente religiosos en un momento en el que los europeos todavía eran primitivos.

Hay mucho de cierto en la sugerencia de que ellos construyeron las pirámides como una afirmación de sus convicciones religiosas y por medio de ellas glorificar al faraón muerto. Pero también es verdad que eran sumamente reservados en los misterios internos de su religión, a excepción de quienes eran escogidos y luego iniciados.

29

En 1979 comenzó la investigación acerca de la relación de los egipcios y las estrellas. Esto no deja de ser curioso, pues algunas profecías lo anunciaron.

Pronto se halló relación entre las pirámides y las constelaciones, especialmente con la de Orión.

Años después iban a aparecer otras cuestiones enigmáticas y significativas, todas ellas vinculadas con las pirámides y las estrellas.

Primero, las líneas de Nazca, en Perú, las cuales fueron clasificadas como pistas de aterrizaje extraterrestre, pero que con el paso de los años han venido a ser grandes caminos procesionales y chamánicos, vinculados también con las constelaciones, especialmente con las Pléyades.

En el otro extremo del mundo, en Angkor Vat, Camboya, aparecieron ruinas de una civilización que dibujó en piedra construcciones fabulosas que representan la constelación del Dragón, es decir, tal y como veríamos a esa formación estelar hace diez mil años. Aunque las construcciones resultan sorprendentemente novedosas, pues se edificaron al mismo tiempo en que los mayas levantaban pirámides existen evidencias de este registro, lo cual no tiene explicación hasta el momento.

Asimismo, los sacerdotes taoístas tienen bailes que ponen de manifiesto el movimiento de varias estrellas.

Y, en forma paralela, debajo de Caracas, en Venezuela, se descubrieron lo que parecen ser los restos de una civilización maya que habitó la Tierra hace diez o doce mil años. Nuevamente, otro fenómeno inexplicable.

Volvamos a los egipcios y a su religión estelar o a la llamada religión de la estrella. Los egipcios pensaban que luego de la vida en la Tierra el cuerpo sutil, el alma, viajaba hasta la constelación de Orión.

Las pirámides mayores construidas durante la Cuarta Dinastía representan las estrellas de ese mundo de después de la vida.

Si al principio esto resultó demasiado raro, la teoría se pudo apoyar con textos antiguos y pinturas en los techos de los edificios que representaban mapas de estrellas, entre otros datos.

La pregunta no es, entonces, si esto es real, sino: ¿por qué no lo habían notado antes? La respuesta puede estar en lo que se conoce como conocimiento hermético, oculto o Hermetismo.

El descubrimiento en marzo de 1993 de una cámara confidencial en la Gran Pirámide —hallada al final de un largo camino interior— confirmó la sospecha de que la pirámide no era solamente una tumba, sino una máquina, cuya función fue ayudar el alma del faraón en su jornada hacia las estrellas distantes.

En síntesis, la reciente investigación ha demostrado que el posicionamiento y los detalles de la estructura de las Pirámides de Giza se orientan con precisión en relación con las posiciones de cuerpos astronómicos. Y en particular con las estrellas de la llamada constelación de Orión. Y esto no puede sernos indiferente, menos aún cuando se han hecho investigaciones en las pirámides mayas y teotihuacanas, viniendo a descubrirse que todas las pirámides fueron construidas en regiones específicas de la Tierra, relacionando su construcción y orientación con grupos estelares específicos.

3) El Mesías y la Nueva Edad de Oro

Como el relámpago sale de oriente y se ve en occidente, así será la venida del Hijo del Hombre. Donde esté el cuerpo allí se congregarán las águilas.

Enseguida, después de la tribulación de aquellos días, el sol se oscurecerá, y la luna no dará luz, y las estrellas caerán del cielo, y las virtudes del cielo se conmoverán.

Entonces aparecerá la señal del Hijo del Hombre en el cielo, y llorarán todas las tribus de la tierra, y verán al Hijo del Hombre viniendo entre las nubes del cielo con mucha virtud y majestad.

Y enviará a sus ángeles con trompetas y magna voz, y congregará a sus elegidos desde los cuatro vientos, desde lo alto de los cielos hasta sus extremos.

SAN MATEO, 24-3

En el extremo opuesto a las imágenes de la gran catástrofe y con indiferencia a lo que nos quieran contar los misterios de las grandes pirámides, se encuentran dos grandes corrientes, que podrían catalogarse como pertenecientes a la *New Age*, mismas que nos hablan de un tiempo renovado de amor y de paz. Una, llamada la Fe Baha'i, cuyos miembros creen que en el último siglo las profecías se cumplieron realmente, afirma el Prometido aparecerá de verdad antes del año 2000, que ya hay entre nosotros su antecesor.

Baha'u —el fundador o profeta de la fe Baha'i— afirma que es el enviado del Prometido, cuya venida fue predicha explícitamente, no sólo en el Viejo y el Nuevo Testamentos, sino también en las profecías hindús, budistas, zoroastrianas, las religiones islámicas y otras. Y que en breve veremos la llegada de El Salvador.

La otra de las corrientes de la llamada New Age, es la de los profetas del Dreamspell quienes anuncian que para el año 2012 ocurrirá el paso al Nuevo Tiempo Ilimitado de los Mayas.

Las profecías y predicciones alrededor del año 2000 abundan por doquier y lo han hecho durante decenas e incluso centenares de años —dicen los seguidores del Dreamspell— y mientras la humanidad se obsesiona con la conclusión de un segundo milenio sin haber entendido aún los aspectos fundamentales más simples y fundamentales de nuestra existencia, anticipa catástrofes que no ocurrirán.

Pero precisamente allí radica el problema, ver el 2000 —si acaso esta división arbitraria que hacemos del incontenible tiempo importara para algo, dicen— como el fin de un milenio o una época y no como el inicio de una nueva oportunidad.

El ser humano subestima su potencial y no es capaz de vislumbrar los milenios que le esperan en el futuro, cegándose con profecías inmediatas de justicia divina o natural y penitencia merecida por todos, justos y pecadores.

Sin embargo, la profecía maya es sumamente benévola, como veremos más adelante. Asegura que hacia el año 2012 —según el complejo calendario maya— completaríamos uno de estos ciclos, coincidentes hasta ahora con el comienzo de las cuatro glaciaciones, cuatro edades del mundo o cuatro soles y que entonces vendrá un nuevo tiempo de armonía para el mundo entero.

Sus propuestas serán revisadas más adelante, pues precisamente ellas hablan de las profecías mayas, que son el tema central de este libro.

A modo de primera conclusión

Pero, como sostuve con anterioridad, profecía no es predeterminismo, cosa hecha, camino inamovible, sino, más bien, orientación, guía, advertencia de peligros. Los sabios mayas tuvieron un sistema religioso vinculado a la astronomía y las matemáticas, verdaderamente asombroso.

Hay, como en todas partes del mundo, dos formas de comprender las voces antiguas. Como horóscopo y vaticinio, es decir, en su forma exotérica; o como un sendero al conocimiento interior y al encuentro con la Verdad, es decir, el esoterismo.

Lamentablemente, la ciencia ha desacreditado esta forma de saber, pensando que se trata de charlatanería, superstición, ocultismo, superchería, es decir, engaño, dolo y mentira.

Sin considerar que:

1) Su método, estrictamente exotérico, pudiera estar equivocado.

2) Que el sendero de una sola vía pudiera no ser la verdad, sino sólo parte de ésta.

3) Y que, es posible, la respuesta a nuestra condición humana se encuentre en la unión de nuestro conocimiento diurno aunado al nocturno. Pues no todo mundo es racional y los sueños —así como las profecías— forman también nuestra esencia.

Capítulo uno

Los mayas

Los mayas habitaron un área que comprende parte de México (los estados de Yucatán, Campeche, Tabasco y Chiapas), Guatemala y Honduras. La civilización maya se extendió principalmente por el sur de Yucatán y entre los siglos III y XV alcanzó su esplendor. Aunque en época reciente hay datos de que mucho antes existieron pueblos que podrían llamarse premayas y los cuales habitaron en Sudamérica doce mil años antes de nuestro tiempo. Sin embargo, aún faltan datos para confirmar un hecho que revolucionaría el conocimiento arqueológico de los últimos doscientos años. Por lo que en adelante, seguiré la historia de la civilización maya según la han dividido sus estudiosos en cuatro periodos principales.

El primero es el periodo Preclásico —o, como prefiere llamarlo Thompson, periodo Formativo— y abarca del año 1100 antes de Cristo hasta el año 200 de nuestra era. Le sigue el periodo Clásico del año 200 al 950, aproximadamente. Según el criterio fundamental de la antropología lo que demarca la diferencia entre un grupo civilizado y la barbarie radica en la escritura, y es precisamente este rasgo lo que con mayor fuerza determina lo que se llamó el periodo Clásico, pues es a partir de la presencia de la escritura —alrededor del año 200 de nuestra era— cuando éste empieza.

Pero además de la escritura este periodo se caracterizó por el uso en la arquitectura del arco falso o de piedras saledizas y la construcción de edificios rectangulares o cuadrados y nunca circulares, el culto a los chaques, deidades agrícolas que desde el cielo regaban al mundo de lluvia con sus calabazas llenas de agua; además, dentro de este periodo la ostentación del poder la sostuvo una teocracia, a diferencia de los periodos Mexicanos y de Absorción, en donde el poder estuvo en manos de militares.

El tercero es el periodo llamado Mexicano del 950 al 1200 de nuestra era. Y por último tenemos el periodo de Absorción, que va del 1200 hasta la conquista de Yucatán. Formalmente, se considera que la civilización maya concluyó en 1697, con la toma de la isla —ciudad-estado— de Tayasal por tropas españolas.

A su vez, geográficamente la civilización Maya se divide en tres zonas:

Las tierras altas de Guatemala, el Petén y las tierras bajas del norte. Todas están ubicadas en el trópico, pero sus características geográficas son muy diferentes.

Las tierras altas son frías y muchas veces en ellas hay niebla gran parte del año, sobre todo por las mañanas.

La zona del Petén es una selva: enormes y pequeños ríos cruzan por todos lados llenos de ranas y sapos, gigantescos árboles de donde cuelgan lianas, enredaderas y orquídeas, la humedad y el calor convierten cualquier caminata, por breve que sea, en un baño sauna donde la ropa se empapa de sudor y humedad y uno siente incómodo los pantalones. Los insectos son tan numerosos y hacen tanto escándalo, que a veces hay que alzar la voz para que a uno lo puedan escuchar. Una alfombra de hojas muertas, líquenes, hongos y musgo cubre el suelo invisible y uno teme pisar a cada paso una víbora o un alacrán, pero hay que tener la vista levantada pues cualquiera puede llevarse con el rostro una enorme telaraña. En la noche es muy frecuente ver revolotear unas mariposas enormes y negras o vampiros buscando ganado.

La zona del norte es bastante parecida a la central, salvo que la lluvia es más escasa y el suelo es calizo, lo que hace a la vegetación menos alta y abundante. Es la región de los cenotes, pozos naturales que se hicieron por el derrumbe del techo de la cueva inundada.

Aldeas y ciudades mayas

Las primeras aldeas de la zona yucateca datan del año 1500 antes de Cristo, aunque se han hallado restos de una civilización más antigua ubicada en el subsuelo venezolano, probablemente con miles de años de antigüedad.

En las regiones de Chiapas y Guatemala encontramos una cerámica rica en ornamentación, realizada allá del año 800 antes de nuestra era, cuando se dio un poblamiento más intenso en las Tierras Bajas.

La cerámica de Petén data de los años comprendidos entre el 800 y el 600 antes de Cristo, indicando que el hombre dominó a una naturaleza adversa y así creó las condiciones para establecerse en esta región. En el año 600 antes de Cristo, por lo que indican las excavaciones, Tikal fue poblado. Allí, en el año 200 a. de C. se construyó un gran centro ceremonial. El cual iba a sufrir modificaciones durante 10 o 12 siglos, hasta convertirse en la mayor ciudad del área maya.

Hoy sabemos que los mayas de Yucatán —en su época clásica— no lograron solos su esplendor, tuvieron la influencia de otras culturas. Los últimos olmecas y los teotihuacanos (e incluso los chibchas e incas de América del Sur) influyeron de modo notorio dentro de esta civilización de la América Central o Mesoamérica.

Tikal

Tikal se encuentra localizado en el sector nororiental del departamento guatemalteco de Petén, a 542 kilómetros de la capital de la República de Guatemala. Su relieve se caracteriza por poseer una superficie calcárea plana integrada en la península de Yucatán, que tiene un característico modelado cárstico en el que destacan sus profundas simas y complejos subterráneos anegados por corrientes de agua (cenotes). El clima es tropical, con altas temperaturas y fuertes precipitaciones.

La antigua ciudad maya de Tikal, enclavada en el valle del río Homul, es donde se han encontrado los restos más antiguos de dicha cultura. Está formada por un conjunto de edificios situados junto a dos grandes plazas centrales, alrededor de las cuales se encuentran diferentes templos de forma piramidal con estelas y altares al pie de los mismos, como la pirámide denominada de Las Máscaras.

Junto a este tipo de edificios, aparecen otros que se destinaron a la observación astronómica, y que cuentan con una decoración de estelas jeroglíficas grabadas.

La mayor parte de los edificios se componen de varios cuerpos superpuestos, con una empinada escalera para acceder a la cúspide.

Podemos saber que la importancia de Tikal fue grande en función de las modificaciones que ocurrieran en este lugar. Ellas indican el surgimiento de un estilo regional, calificado como maya, que influyó en las Tierras Bajas y transformó la región.

Tikal es una ciudad totalmente envuelta por la floresta tropical, ejemplo típico de urbe maya. Tuvo su florecimiento y esplendor entre los años 435 y 830 de nuestro tiempo. El área central poseyó un conjunto de tres mil construcciones. Templos, palacios, campos para juegos de pelota y baños de vapor —conocidos como temazcales— que conforman algunas de las funciones edilicias reconocidas por los arqueólogos para las cimentaciones excavadas. Se encontraron también centenas de túmulos conteniendo ofrendas, además de cisternas y lugares para guardar víveres. Dentro de los objetos hallados, vale la pena destacar la obsidiana verde, típico artículo de exportación de Teotihuacan, pues esta piedra no existe en esta área.

Para tener una idea del tamaño de algunas de sus construcciones, cito como ejemplo el Templo IV construido sobre una superficie de 741 metros por lado y con 72 metros de altura. Las construcciones civiles tuvieron una disposición diferente, se componían de tres o cuatro habitaciones seguidas, sin comunicación directa entre ellas y la luz entraba a través de las puertas. La cocina quedaba afuera de la casa, en una especie de palapa o jacal y por lo oscuro y poco confortable de los cuartos principales, es fácil imaginar que la vida diaria y la mayor parte de sus actividades se desarrollaron externamente a la construcción.

En Tikal se notan varias confluencias culturales, por dar un ejemplo, uno de sus soberanos, llamado "Tormenta" (426-456), supo expresar muy bien esta aproximación cultural haciéndose retratar en la estela 31 de Tikal con dos guerreros mexicanos en cuyos escudos se contempla la figura de Tláloc (dios mexicano de la lluvia), al mismo tiempo que él usa ropas típicamente mayas.

Es importante comprender la estructura urbana de Tikal en la medida en que ésta estará presente en las otras ciudades mayas. Como nos hacer ver un importante estudioso de las ciudades indígenas, Jorge Hardoy: "su aspecto no es tan ordenado como el de Teotihuacan, mas sus constructores lograron atrayentes efectos edificando largas calzadas que desembocaban invariablemente en una plaza cuyo conjunto garantizaba perspectivas majestuosas".

Cuando Tikal entra en declive otras ciudades estado como Palenque, Copán y Piedras Negras, toman la delantera. Luego será la época de esplendor de Uxmal y de Chichén Itzá, para llegar a su final en las Tierras Altas de Quintana Roo, en la región de Tulum. Cada una de estas construcciones tiene su marca específica.

Tikal fue descubierta en 1697, fecha en la que se produce la conquista española de los territorios del Petén y se conserva desde entonces.

Piedras Negras

En las Tierras Bajas, Piedras Negras presenta un espacio donde podemos contemplar en detalle el arte maya. Son 7 200 monumentos producidos a lo largo de 200 años (608-810), en los cuales destacan los relieves y bajorrelieves. Una de las escenas representadas en esos relieves, por ejemplo, es una Reunión de Consejo. Delante de los jóvenes nobles y de los miembros sobresalientes de las familias reinantes, un grupo de dignatarios está sentado en el suelo, mientras en lo alto de un trono ricamente ornamentado, en cuyo borde apoya su mano, el príncipe se inclina en dirección del más competente de sus consejeros.

Palenque, la antigua ciudad maya

Palenque es una ciudad localizada en la sierra de Chiapas, muy próxima al pueblo de Santo Domingo del Palenque, de donde deriva su nombre actual, tuvo como nombre original *Nachan*, que significa "Casa de serpientes".

La construcción principal data del periodo clásico superior de la civilización maya (600-950), fue cubierta por un denso bosque tropical.

Estas ruinas, descubiertas en 1785, están constituidas por plataformas sobre las que descansan pirámides de piedra trabajada, rematadas por templos abuhardillados. La mayor parte de los edificios son de una única y alta planta. Las paredes están decoradas con relieves figurativos en estuco y con inscripciones jeroglíficas que relatan escenas mitológicas de la historia maya.

Los restos demuestran el gran alcance de los conceptos arquitectónicos mayas y marcan un hito en el arte del periodo clásico. Su arquitectura y escultura son sorprendentes. Por ejemplo: el agua que llega hasta la urbe fue canalizada en algunos lugares por medio de acueductos subterráneos.

Son muchas las soluciones urbanísticas que admiran, no debemos mirar aisladamente a cada uno de los elementos arquitectónicos de esta población, sino contemplarla en su conjunto para quedar consternados: la renovación está presente en el aspecto general que se manifiesta en la ligereza y armonía de las proporciones. ¿Cómo consiguieron esta sensación de ligereza distributiva? Al aumentar los espacios interiores y crear aberturas en forma de "T", que permitían la entrada de luz.

Entre las construcciones importantes menciono el llamado El Palacio con su torre de observación astronómica y el Templo de las Inscripciones, el más fantástico túmulo real conocido en el mundo maya.

La construcción principal, conocida como El Palacio, de 69.5 metros de longitud, descansa sobre una base troncopiramidal, de la que sobresale una torre de 3 pisos, una de las pocas que se conocen en arquitectura precolombina.

El otro edificio notable es conocido como el Templo de las Inscripciones y fue en el que en su interior se descubrió en 1952 la tumba de un príncipe o sacerdote maya del siglo VIII, rodeado de numerosos objetos de jade. Y que aún hoy sigue maravillando a los arqueólogos, investigadores y profanos por ser una tumba similar a la de los faraones egipcios.

Copán: En el Valle de los Reyes

La antigua ciudad de Copán fue asiento de una fabulosa dinastía que gobernó durante siglos. Descubrimientos recientes aportan información sobre el auge y la caída de su imperio.

Hace más de un siglo, unos exploradores se toparon por primera vez con derribados monolitos ocultos por la densa selva del oeste de Honduras. El descubrimiento de estos montones de piedra ha generado fascinación por la gente que los construyeron. En la actualidad, una tesonera labor de investigación está sacando a la luz quiénes eran los antiguos mayas que dejaron tan sobresalientes muestras artísticas.

A medida que los eruditos comenzaron a descifrar los secretos de los jeroglíficos se fue descubriendo que los mayas habían inventado un calendario astronómico capaz de predecir eclipses solares y lunares, además de los movimientos de Venus y Júpiter.

Al percatarse de que ese calendario era más preciso que el nuestro, los mayólogos dedujeron que los astrónomos tenían que ser muy importantes en aquella civilización.

Los historiadores creían que las grandes ciudades como Copán eran centros ceremoniales donde sólo vivían los sacerdotes, mientras el resto de la población habitaba en pequeños pueblos e iba a visitar los templos sólo con ocasión de solemnes celebraciones. Los complicados textos jeroglíficos pasaban por ser predicciones astronómicas y se creía que las figuras humanas representaban dioses. Pero en los últimos decenios, los avances en el desciframiento han hecho cambiar esa manera de ver.

Hoy se sabe que la escritura habla de importantes sucesos históricos y, sobre todo, de la vida y hazañas de los reyes cuyo retrato está labrado en las estelas.

Esta nueva manera de ver se comprueba claramente en el Altar Q, situado en el patio occidental de la Acrópolis de Copán. Este enorme bloque cuadrangular de piedra tiene esculpidos 16 hombres sentados (cuatro por lado). En un principio, el arqueólogo Herbert Joseph Spinden pensó que se trataba de una reunión de astrónomos mayas. Sin embargo, recientes descubrimientos indican que las figuras representan a miembros de una dinastía de dieciséis reyes, cuyo gobierno abarcó casi cuatro siglos, entre el 426 y el 820, aproximadamente, de nuestra era, o sea, durante el periodo clásico.

Conocemos poco del tramo anterior de esta secuencia dinástica, ya que la información se perdió quizá por la costumbre maya de derribar los edificios viejos y levantar otros nuevos sobre ellos. En Copán se han descubierto ocho de esos templos, cada uno construido sobre las ruinas del precedente. Se sabe ahora, no obstante, que hacia el 426 después de Cristo gobernó el venerado rey Yax Kouk Mo (Quetzal Guacamaya), según refieren monumentos erigidos siglos después, al que siguieron dieciséis de su descendientes.

La estirpe concluye con la muerte de Yax Pac (Primer Amanecer), quien construyó el Altar Q. Las estelas, así como la mayoría de las demás esculturas y los edificios, fueron levantadas para conmemorar los reinados de estos monarcas.

Copán puede alardear, además, de poseer el texto labrado más largo de América: la famosa Escalera Jeroglífica. Muchos de los peldaños se han caído y sólo una porción de los más de mil 250 bloques de piedra esculpida fueron hallados en su orden original. Pero se ha conseguido ordenar los suficientes para saber que la escalera fue construida por Humo Concha a fin de conmemorar las vidas de sus antepasados.

El centro del poder real, la Acrópolis, es un conjunto de voluminosas estructuras piramidales bajo las cuales hay un acervo de información sobre Copán. Aquí es donde se están llevando a cabo los actuales estudios. En este lugar, la subestructura más impresionante descubierta es el Templo Rosalila. Más abajo se encuentra el Templo Margarita, rica fuente de datos sobre los enigmáticos primeros años de la dinastía de Copán.

A buena distancia de la Gran Plaza y de la Acrópolis se encuentra la zona habitacional de Las Sepulturas. Las excavaciones realizadas en estos edificios de poca alzada han proporcionado detalles acerca de la vida doméstica de los habitantes; además, se tienen pruebas de que el sitio estuvo ocupado durante unos dos mil años.

Así como los mayas disfrutan de un lugar sobresaliente entre las civilizaciones del pasado, a Copán le corresponde hoy el primer lugar entre las ciudades estado mayas, debido al enorme empeño científico por descubrir secretos tan largo tiempo enterrados.

El Proyecto Copán, colaboración entre el Instituto Hondureño de Arqueología e Historia (IHAH) y especialistas de diversas instituciones y nacionalidades, comenzó en 1978 y ahora se encuentra en su tercera fase.

Es una brillante muestra de un nuevo proceder multidisciplinario en la investigación, que Ricardo Agurcia denomina "enfoque de conjunto". Confluyen aquí campos tan heterogéneos como la lingüística, la antropología social, el arte, la etnohistoria y la ecología, amén de la arqueología, con el fin de conseguir de Copán una perspectiva histórica más exacta que cuanto se podría recabar con simples excavaciones y catalogaciones.

El Museo de las Esculturas de Copán es un nuevo anexo al lugar y otro ejemplo de esta manera de ver las cosas. Bajo la dirección de la connotada arqueóloga Barbara Fash, brinda una impresionante forma de ver Copán. Se penetra por las abiertas fauces de una serpiente y se sigue por un largo, oscuro y tortuoso túnel, que representa tanto los túneles excavados en el interior de la Acrópolis, como un simbólico viaje a Xibalba, el inframundo maya. Al dar la vuelta a la última curva del túnel, uno encuentra la imponente réplica, de cuatro pisos de altura, del templo Rosalila.

Los investigadores han recabado una vasta cantidad de datos; entre éstos, destacan algunos relativos a la caída de Copán. En tal sentido, abundan pruebas para asociar el crecimiento demográfico con la deforestación, la erosión del suelo, los cambios climáticos y una general degradación del medio ambiente. Los restos de esqueletos correspondientes a los años finales de Copán muestran que la población sufría desnutrición y enfermedades.

El otrora fértil valle en determinado momento no resistió, parece, la continua explotación. Los arqueólogos han trazado un maravilloso cuadro de Copán en su esplendor, pero quizá las investigaciones sobre el colapso de esta gran sociedad serán más valiosas; al menos, si aplicamos hoy las lecciones de aquellos caídos reyes.

Copán, al lado de Tikal y Palenque, compone el triángulo de los mayores exponentes de la civilización maya, reuniendo los elementos culturales que son su distintivo de mayor logro: arquitectura y escultura.

Desde el punto de vista científico, Copán desarrolló el más excelso dominio de la astronomía alcanzado en la antigüedad. El calendario maya elaborado en Copán por aquellos astrónomos –que habían comprendido el problema de que la rotación terrestre en torno al Sol se produce en 365 días y algunas horas– es de una precisión admirable, superando a los almanaques europeos obtenidos en la misma época.

A pesar de que probablemente la estela mencionada en el Altar Q no se refiera a una reunión de astrónomos, sino a tareas políticas, cabe señalar que en Copán se realizaron varias reuniones de astrónomos venidos de regiones distantes. Y en una de éstas, en el momento más alto de la cultura maya, se estableció el nuevo calendario.

En torno a la precisión del calendario maya podemos hacernos innumerables preguntas. Por ejemplo: ¿cómo elaboraron cálculos tan gigantescos y complejos? ¿De qué forma alcanzaron un tan alto nivel de conocimiento matemático necesario para su astronomía?

Hoy, curiosamente, sabemos de la gran precisión de los mayas al construir su calendario, mas no podemos demostrar los caminos seguidos para llegar hasta él.

La región maya

En suma, sabemos que Tikal, Copán, Quiriguá, Piedras Negras, Uaxactum, Palenque, Yaxchilan —situadas en el sur de México y en todo Guatemala y Honduras— caracterizan la región maya marcada por la presencia de los grandes centros urbanos.

Asimismo, que Mesoamérica fue una gran mezcla de culturas: cada pueblo recibió influencias de los demás; en todos se usaba la misma moneda, que era el cacao; se cocía el maíz para la elaboración de alimentos y se practicaban juegos de pelota muy semejantes.

La región mesoamericana fue un gran espacio donde los grupos étnicos se adecuaron a las características climatológicas, topográficas e hidrológicas.

A los habitantes de las regiones cercanas a los ríos, por ejemplo de Tabasco y Chiapas, les tomó menos tiempo que a los mayas de Yucatán alcanzar el esplendor debido a que el clima y ambiente fue más favorable. Sin embargo, en la Península se formaron grandes centros ceremoniales y comerciales, gracias a la influencia de las civilizaciones mayas que habitaron el sur de Tabasco, específicamente las correspondientes a la región de la Chontalpa, cuyos habitantes se caracterizaron por ser excelentes navegantes.

Estos mayas marinos llevaron el cacao a la región costera de Quintana Roo, y a lo largo de este trayecto por la costa dejaron testimonios de su cultura, que fueron adoptados por los mayas yucatecos. En esta forma, la región maya se extiende desde El Salvador hasta Honduras, Belice, la península yucateca, sur de Tabasco y Chiapas.

Se ha demostrado que los olmecas influyeron decisivamente en el desarrollo de los mayas de la región peninsular. Y, aunque en esta zona no hay oro, por muchos años los especialistas quedaron desconcertados por la aparición de algunas piezas elaboradas con este metal precioso, cuyas características no coincidían con el que se extrae del centro del país. Años después, se descubrió que el oro provino de las tribus chibchas de Colombia y de los quechuas de Perú. Sin embargo, el material fue trabajado por orfebres del centro del país que llegaron a esta región, es decir, por artesanos toltecas.

Hechas estas observaciones de carácter general podemos penetrar en el universo maya analizando algunas de sus formas de organización social, política y religiosa.

Actividades agrícolas y comerciales

Los mayas cultivaron maíz (tres especies), algodón, tomate, cacao, camotes (batatas) y una gran variedad de frutas. Domesticaron al guajolote (pavo) y a las abejas, y para enriquecer su dieta salían de caza y de pesca.

Es importante observar que por ser los recursos naturales escasos no tenían el excedente que necesitaban y la tendencia fue desarrollar técnicas agrícolas, como la construcción de terrazas, por ejemplo, para vencer la erosión. Esto nos hace ver que no únicamente emplearon la tala, roza y quema de los bosques, pues hubiera sido insuficiente y la selva habría desaparecido, sino que aprendieron a sembrar sobre las aguas. Los pantanos fueron drenados para obtener las condiciones adecuadas al plantío.

Al lado de esos progresos técnicos, observamos que para el cultivo de maíz se empleó la quema. Durante los meses de sequía, limpiaban el terreno de la selva, dejando apenas los árboles frondosos que no podían arrancar. En seguida, quemaban el ramaje para dejar el campo repleto de cenizas y en condiciones de ser sembrado. Con un bastón (*coa*) hacían agujeros en el suelo y allí colocaban las semillas.

Dada la forma con que era realizado el cultivo, la producción se mantenía abundante por apenas dos o tres años consecutivos. Con el desgaste del suelo, el agricultor estaba obligado a procurar nuevas tierras. Por lo que se establecían ciclos en los cuales se dejaba descansar el terreno, para que la selva se recuperara, mientras se quemaba otra región; estos eran ciclos de siete años. Todavía hoy la técnica de la quema, a pesar de lo perjudicial que es para el suelo, se utiliza en diversas regiones del continente americano.

Las Tierras Bajas concentraron una población densa en áreas poco fértiles. Con una producción pequeña para cubrir sus necesidades, les fue necesario innovar técnicas agrícolas, pero también importar de otras regiones productos como maíz, convirtiéndose en comerciantes y marinos.

El comercio se produjo con materiales como jade, plumas, tejidos, cerámicas, miel, cacao y esclavos, a través del *sacbé* (camino) o de canoas, hasta alcanzar los mayas un nivel extraordinario.

Paradoja de la historia maya es el hecho que sólo habitaron selvas y que en tales ambientes su civilización alcanzó su cenit.

Por ejemplo, Dzibilchaltún en Yucatán, excavado por el doctor Wyllys Andrews entre 1956 y 1961, fotografiado desde el aire por el profesor Edward Kurjack de la Universidad de Illinois, muestra una población de unos 40 000 habitantes. Esto es sorprendente e indujo a pensar que la agricultura primitiva no habría podido alimentar a semejante población.

Los mayas, lejos de ser granjeros primitivos, poseían técnicas agrícolas sofisticadas. Al sur de Yucatán el profesor B. L. Tornero de la Universidad de Oklahoma y otros investigadores llegaron a la conclusión de que estos mayas se dedicaron a terraplenar las laderas y a emplear plataformas artificiales de tierra que le permitió cosechas en tierras bajas estacionalmente inundadas.

Tornero afirmó: "Estos rasgos del terreno indican que los mayas practicaron permanentemente una agricultura intensiva capaz de alimentar a una población muy grande. Si usted pudiera volar encima del Petén en la plenitud del Periodo Clásico, habría encontrado algo semejante al Ohio central de nuestros días: un campo perfectamente cultivado."

Ciudades

Lo primero que destaca de esta civilización es su arte, especialmente la arquitectura. Las construcciones mayas se hicieron básicamente de madera y piedra. Entre las maderas se prefirieron la caoba y el zapote, por ser muy resistentes a los ataques de las termitas. Entre las piedras se usaron caliza, arenisca, mármol, etcétera.

Realizaron todo tipo de construcciones: palacios rectangulares y alargados, templos, juegos de pelota, calzadas (*sacbeob*) que unían las ciudades principales, fortificaciones, baños de vapor (*temazcales*), etcétera.

De ellos se conservan importantes pirámides escalonadas en piedra. En lo alto de éstas se colocaba el templo y estaban decoradas con pinturas de una variada gama de colores, y relieves. Algunos de estos son inscripciones de la escritura jeroglífica maya, aun no descifrada completamente.

Las construcciones más importantes de esta época fueron, como ya lo mencioné: Copán, Quiriguá, Piedras Negras, Palenque y Tikal.

La sociedad

Otro de los temas fascinantes fue la sociedad maya. La elite social la constituían los sacerdotes y los nobles, que residían en la ciudad que también era el centro religioso, mientras que los campesinos vivían en las zonas rurales cercanas a la ciudad.

La base de su economía fue la agricultura y frecuentemente se desbrozaban trozos de selva para realizar nuevos cultivos. Los principales fueron el maíz, el algodón y el cacao. Este último tuvo tanta importancia que llegó a ser utilizado como moneda.

Por los documentos analizados por los arqueólogos es fácil recomponer en detalle la organización de la sociedad maya, que se presenta con grupos sociales con características bien definidas de estratificación social.

Los mayas se conformaban en provincias autónomas que fueron verdaderas ciudades estado, como informa Alberto R. Lhuillier. En ellas, la mayor autoridad era el *halach uinic*, quien desempeñó funciones religiosas y políticas, siendo su cargo de naturaleza hereditaria.

Los sacerdotes eran responsables de los sacrificios y ofrendas, estudiaban astronomía, hacían horóscopos y calendarios y leían los escritos de tiempos antiguos, en suma, concentraban una gran parcela de poder y así era porque en ellos recaía la responsabilidad de otorgar premios y castigos y, principalmente, de hacer cumplir las tradiciones, con lo que la vida individual dependía de ellos.

Una especie de nobleza disfrutaba de privilegios, actuaba en la administración de la ciudad y poseía tierras, suponiéndose que no pagaban tributos por ser de origen real.

Debajo de los sacerdotes y de la nobleza urbana estaban los guerreros. A diferencia de los aztecas, los mayas antiguos fueron poblaciones teocráticas y el militarismo llegó a ellos cuando declinaban.

Los artesanos que se dedicaban a la confección de objetos de uso ritual tenían una posición de importancia. Asimismo, los comerciantes, que si bien existían como grupo social, no tenían expresión política.

Los campesinos y los artesanos de menor relieve se dedicaban a las tareas más rudas, o sea, a la agricultura y a la construcción. Las propiedades comunales proveían alimentos para la familia rural y también para los sacerdotes y nobles. Pero los de menor poder social debían trabajar en las construcciones de los centros ceremoniales, transportando piedras con las cuales se irguieron las pirámides, terrazas, juegos de pelota y templos.

Muchos diseños representan cautivos sin que se pueda saber con seguridad si serían sacrificados o esclavizados. Los cronistas de la época de la Conquista dejaron algunas informaciones en sus escritos y la condición de esclavo podía ser el resultado de una pena (adulterio u homicidio), por nacimiento (si los padres eran esclavos), por ser prisionero de guerra e incluso los huérfanos —destinados al sacrificio por sus tutores o comprados por un comerciante para este fin— podían convertirse en esclavos. Sí, existía la esclavitud y se supone fueron la mano de obra para la construcción de las pirámides colosales, pero ayudados por los campesinos que lo hicieron por devoción y por paga.

La civilización maya pasó por tantos periodos, por tantas transformaciones y sufrió interferencias de otras tradiciones indígenas que resulta difícil pensar que no tuvo grandes alteraciones en su forma de organización social. Se documenta, por ejemplo, que en un primer momento de la vida en Tikal, las tareas eran distribuidas de manera poco rígida permitiendo la movilidad. Probablemente en Chichén Itzá en su fase marcada por la presencia tolteca la situación fue muy diferente, pues se trató de una sociedad bien estratificada y con menor movilidad.

La generación anterior de antropólogos habló de un "Imperio maya", pero hoy los estudiosos dudan que semejante entidad alguna vez existiera. Los mayas, como su idioma, se fragmentaron en numerosas variantes. La arquitectura y el arte siguieron caminos diversos. Con la guerra, las alianzas cambiaron, las dinastías subieron y fueron derrocadas. Aunque, a pesar de esta fragmentación, la comunicación fue veloz y precisa entre ellos. Por ejemplo, cuando los astrónomos de Copán regularizaron el calendario lunar hacia el fin del séptimo siglo, éste se adoptó rápidamente a lo largo del mundo maya.

La lengua

Hacia el periodo clásico, los mayas no constituían un estado unificado, sino que se organizaban en varias ciudades estado independientes entre sí que controlaban un territorio más o menos amplio. Tampoco hablaban una única lengua, pues en realidad la civilización maya es un agregado de culturas y conocimientos previos.

La lengua maya hablada en Yucatán sufrió transformaciones con las invasiones toltecas y el náhuatl azteca. Son considerables los dialectos hablados en el área correspondiente a Yucatán, Guatemala, El Salvador y Belice. Los lingüistas las dividen en dos grandes ramas: la huasteca y la maya. Esta segunda rama se subdivide en otras como: Chol, Chontal, Mopan, etcétera.

Ya que hablamos de la lengua, cabe hacer notar que los mayas desarrollaron el sistema de escritura más completo de todos los pueblos indígenas americanos. Con él escribieron todo tipo de textos: de medicina, de botánica, de historia, de matemáticas, de astronomía, etcétera. Se conservan, además de las inscripciones, algunos códices:

1) El Códice de Dresde: escrito en el siglo XIII. Contiene un tratado de adivinación y de astronomía.

2) El Códice de París: posiblemente del siglo XIII. Contiene profecías y adivinaciones.

3) El Códice de Madrid: Contiene horóscopos y almanaques.

4) El Códice Grolier: Muy mal conservado. Contiene un calendario completo.

Por medio de estos códices, además de las inscripciones en piedra, y libros que fueron recopilados posteriormente como el *Chilam Balam* y el *Popol Vuh*, podemos llegar a comprender los hallazgos espectaculares de sus ciencias, especialmente en el calendario y en la astronomía.

En sus monumentos dejaron una serie de inscripciones que hasta hoy no han sido completamente descifradas. "Era un pueblo completamente alfabetizado –dice Ricardo Agurcia, uno de los arqueólogos más respetados del proyecto Mundo Maya–. Si se les hubiera ocurrido escribir una novela, podrían haberlo hecho sin dificultad".

El calendario

Además del arte, los mayas fueron diestros en matemáticas y astronomía. Con ellos lograron asombrosas mediciones del tiempo.

Existen hasta veinte tipos de calendarios mayas, pero vamos a comenzar con dos de ellos: el *tzolkín* y el *haab*. El primero se refiere a un periodo de 260 días o *kines*, pues *kin*, era el nombre que los mayas daban los días. Y el segundo, o calendario civil, está vinculado a la traslación de la Tierra en torno al sol y, en consecuencia, tiene 365 días.

Los mayas consideraban al tzolkín como sagrado y seguramente todos los estratos sociales estaban al tanto de cómo se desarrollaba y las fechas festivas o nefastas que se acercaban. El año sagrado no estaba dividido en meses, era una sucesión de 260 kines que se formaban anteponiendo los números del 1 al 13 a los veinte jeroglíficos cuyos nombres se presentan a continuación:

Soles, sellos o días mayas y sus significados aproximados

1) Imix – Lagarto, Lirio acuático
2) Ik – Viento
3) Akbal – Noche
4) Kan – Iguana, Maíz
5) Chikchan – Víbora
6) Cimi – Muerte
7) Manik – Venado, Mano
8) Lamat – Conejo, Venus
9) Muluk – Agua, Lluvia
10) Ok – Perro, Río
11) Chuen – Rana, Mono
12) Eb – Cráneo, Diente
13) Ben – Caña, Mazorca
14) Ix – Jaguar
15) Men – Águila
16) Kib – Concha, Búho
17) Kaban – Tierra, Temblor
18) Etznab – Pedernal
19) Cauac – Huracán
20) Ahau – Señor

1. Imix – Alma de Dragón de Agua Amorosa.
2. Ik – Giro del Viento del Espíritu Cósmico.
3. Akbal – Misterio del Corazón Nocturno del Durmiente.
4. Kan – Perla Simiente de la Mente Ilustrada.
5. Chikchan – Llama de la Serpiente Inteligente.
6. Cimi – Trascendencia del Espíritu del Mundo.
7. Manik – Entrada de la Ola de la Manifestación Creativa.
8. Lamat – El Ser Semilla de la Estrella Amorosa Armónica.
9. Muluk – Gota de Lluvia Cósmica.
10. Ok – Guía del Fiel Mensajero.
11. Chuen – Alegría Espontánea del Niño.
12. Eb – Copa Dorada de la Abundancia.
13. Ben – Eterno Caminante de las Estrellas Divino.
14. Ix – Nacimiento de la Estrella del Mago del Jaguar Mágico.
15. Men – Ascensión del Águila Planetaria.
16. Kib – Encarnación de la Sabiduría Cósmica del Búho.
17. Kaban – Líder Mundial.
18. Etznab – Cristal del Guerrero del Espejo Ritual.
19. Cauac – Trueno de Lluvia del Dios del Fuego.
20. Ahau – Flor Solar.

Este periodo de tiempo llamado tzolkín tuvo una gran importancia ceremonial, pero dado que sus 260 días no coinciden con la traslación terrestre alrededor del Sol, era inútil como una guía de actividades agrícolas. Es decir, haciendo uso exclusivamente del tzolkín, no se puede saber cuándo empezar a preparar la tierra para las milpas, cosa que era –y es– fundamental en la sociedad maya.

Por lo que junto a este año sagrado, coexistía un año civil, el *haab*. Éste se componía de 18 meses de 20 días cada uno, lo que nos da un año de 360 días. Los cinco días restantes formaban un periodo de tiempo llamado *uayeb* que se consideraba nefasto y en él se guardaba ayuno y se hacían sacrificios de sangre perforándose la lengua y los brazos con espinas de maguey o de pescado.

Estos son los nombres de los 18 meses del haab maya:

Nombres de los meses mayas y su traducción aproximada

Pop – Estera
Yax – ¿Verde?
Wo – (Ignorado)
Zak – ¿Blanco?
Sip – (ignorado)
Keh – ¿Rojo?
Sotz – Murciélago
Mak – (Ignorado)
Sek – (ignorado)
Kankín – (ignorado)
Xul – Perro
Muan – Búho
Yaxkín – Nuevo Sol
Pax – (ignorado)
Mol – Agua
Kayab – Tortuga
Chen – ¿Negro?
Kumku – (ignorado)

El haab, sin embargo les resultó algo vago y poco a poco se desajustó, pues como los mayas antiguos desconocían el uso de las fracciones, el 25 de día sobrante comenzó a acumularse. Por lo que se hacían ajustes calendáricos por medio de el tzolkín, hasta que luego de la reunión de Copán este desajuste quedó zanjado.

Los 365 días del año también tenían sus propios nombres. El primer día del mes se contaba como cero, así la cuenta del mes

Sotz, por ejemplo, empezaba: 0 Sotz, 1 Sotz, 2 Sotz…, etcétera, hasta el 19 Sotz. Luego continuaba con 0 Sek, 1 Sek, etcétera. Pero a esta cuenta se añadía el nombre del día sagrado.

Puede parecer complicado, pero nosotros llevamos cuentas similares. Pensemos, sencillamente, que en México celebramos diariamente un "santo", un día de la semana, una fecha, a lo que agregamos los días festivos, las fiestas nacionales, etcétera.

Como los dos calendarios –tzolkín y haab– se reúnen en una misma fecha cada 52 años, entonces se estableció que cada 104 años comenzaba otro ciclo, dividido en dos fuegos nuevos. A estos dados se les añadieron otros referentes a Venus, a las fases lunares y a los eclipses consiguiendo con todo ese esfuerzo cálculos bastante precisos.

Tan importante ha sido este calendario y sus conocimientos astronómicos que, podría decirse, este libro no es más que una interpretación mínima de aquel impresionante saber.

Asimismo, quedamos asombrados ante sus matemáticas.

Para construir este cuadro fueron indispensables los cálculos. Y, para realizarlos, produjeron un sistema numérico que tuvo como base el 20. Es importante aclarar que las inscripciones glíficas respecto a los números han sido interpretadas pero falta descifrar los emblemas. En este sentido, podemos comprender sus matemáticas. Los símbolos utilizados eran una barra para indicar 5, un punto para indicar la unidad y una especie de concha para indicar el cero y así poder realizar operaciones matemáticas complejas. Es decir, utilizaban un sistema de numeración vigesimal posicional. Podían contar hasta 19. Para hacer números mayores (igual que nosotros para hacer números mayores de 9) tenían que colocar esos signos en determinadas posiciones. Al ser un sistema vigesimal, o sea, que considera el 20 como unidad básica para la cuenta, cada espacio que se avanza en el número representa 20 veces más que el espacio anterior. Esto se entiende mejor si lo comparamos con el sistema que usamos nosotros.

El nuestro es un sistema decimal, o sea, que nuestra unidad básica de cuenta es el 10. Tenemos, por tanto, signos numéricos para contar del 0 hasta 9. Si queremos contar más allá necesitamos jugar con las posiciones y colocar al menos dos signos numéricos, uno en primera posición y otro en segunda. La primera posición son las unidades y la segunda, como es un sistema decimal, representa 10 veces más que la primera, esto es, las decenas. Así veinticinco nosotros lo escribimos 25. Esto significa: 5 de unidades más 2 de unidades por 10 (2 x10 =20). O, 5 unidades y dos decenas.

Un maya haría lo siguiente: . _____ La raya ocupa la primera posición, que son unidades, y por tanto es 5. El punto ocupa la segunda posición que significa 20 veces más de las unidades. Por tanto un punto en segunda posición vale 20 (dos puntos valdrían 40, tres puntos 60, etcétera).

Todo ese universo lógico, marcado por cálculos, se acompañó de una lectura del "horóscopo". De acuerdo con la fecha de nacimiento, era previsto el "destino" del recién nacido. Si el día no era de buen augurio, el sacerdote podía encontrar maneras para superar aquella dificultad. En este sentido, el sacerdote poseía la llave del tiempo con la que construir una filosofía fatalista. El mundo podía ser destruido, pero sería recompuesto, manteniéndose así una perspectiva cíclica que marca el ritmo de la historia.

Probablemente muchos de los caracteres grabados en las piedras se refieren a ciertas profecías relacionadas con fechas que constituyen una presencia constante en los monumentos; esto es un hecho cierto incluso para los más escépticos.

Otro hecho a destacar en esta introducción a las profecías mayas, fue su modo de contar grandes periodos.

Los ciclos mayas del tiempo

20	kines	1 uinal
18	uinales	1 tun, o 360 días
20	tunes	1 katún o 7 200 días (aproximadamente 20 años)
20	katunes	1 baktún o 144 000 días (aproximadamente 395 años)

Esta manera de contar –basada en vigésimas– más el manejo del cero les llevó a grandes sofisticaciones matemáticas, números muy grandes, que les permitió concebir a la historia como hoy la entendemos: formada por eras de miles y millones de años, donde nosotros somos apenas un suceso dentro del devenir.

Y, por supuesto, si se tienen los instrumentos mentales para ir hacia atrás y hacia delante en el tiempo, sumado a su pasión por las estrellas, pronto venimos a descubrir de qué forma los mayas comenzaron a establecer las fechas de los dos acontecimientos que más llaman la atención en las grandes profecías: el Fin del Mundo y la Llegada del Mesías.

Astrología maya

En astrología maya su Código de Sincronización Lácteo está basado en el día de su nacimiento.

Un tono lácteo es un número entre el 1 y el 13 y un Sol Maya o un Sello Solar es un número entre 20.

El sacerdote obtenía el horóscopo al realizar combinaciones de tonos o números y sellos solares, en su conjunto, podía interpretarse el destino de un recién nacido. Éstos se listan debajo:

Tonos o números

1) Uno es "Magnético" . Se trata de una persona determinada, centrada y atractiva.
2) Dos es "Lunar". Es un sujeto combativo, pero con voluntad firme y estable.
3) Tres "Eléctrico". Un ser servicial, inteligente y unificador.
4) Cuatro "Uno Mismo" define y mide la armonía.
5) Cinco "Armónico" potencia el fulgor en el orden perfecto.
6) Seis "Rítmico" organiza la igualdad y el movimiento en equilibrio.

7) Siete "Resonante" armoniza e inspira la comunicación.

8) Ocho "Lácteo o Galáctico" vuelve infinito el todo y lo rejuvenece.

9) Nueve "Solar" revela la intención con la que resuena el pulso de vida.

10) Diez "Planetario" manifiesta y produce perfección.

11) Once "Espectral" suelta nuevos modelos de liberación.

12) Doce "Cristal" une en dedicación al trabajo universal.

13) Trece "Cósmico" sostiene la trascendencia en la realidad.

La vida cotidiana

Transcurría apaciblemente, en el cultivo de la tierra, la educación musical e histórica de los jóvenes, en la observación del cielo y sus estrellas.

El principal espectáculo de los mayas era un juego de pelota, parecido al futbol. Según algunos investigadores, los jugadores eran los prisioneros de guerra y se decapitaba a los que perdían, otros afirman que morían los que ganaban. Pero en realidad era más que un simple juego, pues se trató de un ceremonial religioso que representaba el paso de los astros y el sol (representado por la pelota), que es fuente de vida y es posible que muchos fueran los guerreros entrenados que participaban en este rito pues ganar o perder la vida no era nada comparado a pasar directamente al paraíso.

Esto último nos lleva al sistema de creencias y al pensamiento de los mayas, quienes creían que antes de existir nuestro mundo habían existido otros, pero que éstos habían sido destruidos por diferentes catástrofes.

El universo tenía tres partes

El cielo, la tierra y el inframundo. El cielo tenía 13 capas (la última de ellas en contacto con la tierra) y cada una gobernada por uno de los Oxalahuntikú. El dios Itzamná, a quien se representaba con forma de reptil o iguana, regía el Cielo en su conjunto. El inframundo estaba debajo de la tierra, y estaba dividido en 9 capas. Cada una de estas capas era gobernada por uno de los Bolontiku o Señores de la Noche.

Había además otros dioses que actuaban sobre las cosas cotidianas: el maíz, la miel, los mercados, etcétera

Más adelante volveré al tema de los dioses mayas.

El misterio de los mayas

Los estudiosos los llaman mayas, pero ellos se nombraron a sí mismos con nombres muy diversos, muchos de los cuales ahora están perdidos.

Durante quince siglos florecieron en una región severamente inhóspita de Mesoamérica, y entre los años 250 y 900 formaron una civilización magnífica, constructora de pirámides y palacios espléndidos. Luego de este periodo todo acabó en un derrumbamiento súbito. Las ciudades fueron abandonadas; la población disminuyó drásticamente; la selva cubrió los monumentos. ¿Qué ocurrió?

Durante la llamada Edad Oscura de Europa, los mayas practicaban una astronomía tan precisa que su calendario es tan exacto como el que empleamos hoy; trazaron los cursos de cuerpos celestiales y predijeron eclipses solares y lunares. Calcularon la órbita de Venus con un error de sólo 14 segundos por año. Asimismo, crearon un sistema complejo de escritura y se abrieron camino dentro del concepto matemático de cero.

Ida para siempre la imagen del maya como granjero pacífico, bastante primitivo, que practicaba ritos religiosos esotéricos en el callado mundo de su selva, surge un retrato de una raza vívida, bélica, mucho más numerosa que cualquier estimación anterior, que empleó técnicas agrícolas sofisticadas. Y que comerció con los vikingos.

Aun ahora, después de que los descubrimientos se han hecho, las experiencias registradas por los mayas resuenan en el alma como música de órgano, siempre con un sentido persistente de tragedia, de fatalidad, pues para ellos el hombre podrá levantarse –esta es nuestra capacidad de grandeza–, pero sólo para caer, por nuestra afinidad terrible hacia la sentencia.

Edwin Shook, un arqueólogo que gasta su carrera en las fronteras del pasado maya, dijo: "Seguimos sondeando el principio de la civilización maya. Hasta ahora nosotros no lo hemos encontrado". Tampoco hemos hallado por qué desaparecieron.

Una de las ruinas mayas más tempranas recientemente descubiertas y excavadas es Becan, al sur de Yucatán. Se halló un foso seco que data del tercer siglo antes de Cristo, lo que lleva a situar el periodo clásico 450 años antes de la fecha hasta hoy aceptada por los arqueólogos...

Y así como es un misterio cuándo aparecieron, lo es por qué desaparecieron. ¿Qué pudo haber ocurrido? ¿Los dioses exigieron sangre humana? Sabemos que los mayas sacrificaban prisioneros de guerra, pero quizá los individuos reclutados para estos sacrificios, por un motivo que desconocemos, comenzaron a ser del campesinado, luego que incluso algunos voluntarios devotos habrían saciado los apetitos divinos con su autoinmolación y ya no hubo prisioneros. Y, quizá, esto llevó a un estado completo de anarquía. Pero es solamente una suposición.

Bernal Díaz del Castillo, historiador de la conquista española de México, grabó su aversión a los sacerdotes paganos con palabras duras. Afirmó que en el clímax de una ceremonia elaborada, un sacerdote rasgó a la víctima con un cuchillo de obsidiana y arrancó el corazón palpitante del sacrificado. Además, sacerdotes y píos se cortaban, se realizaban agujeros en sus lenguas y se producían heridas con espinas como ofrendas de sangres. Algunos llegaron a marcar en esta forma sus genitales.

El sacrificio humano ultrajó a los españoles, y debido a ello tuvieron una excusa para que los ídolos fueran quebrados, los sagrados libros quemados y se tiraran abajo las pirámides, usándose las piedras para erigir iglesias. En forma lamentable, los últimos restos de una civilización que ya agonizaba, desaparecieron y quedaron ocultos –quizá para siempre– los datos necesarios que nos podrían llevar a comprender qué ocurrió, de dónde vinieron y adónde se fueron los misteriosos mayas.

Los mayas, hoy

En la primera mitad del siglo XX, la mayoría de la región maya se parecía mucho al aspecto de la misma siglos antes: la sociedad estaba dividida entre un grupo de elite administrativo de blancos o mestizos hispanohablantes y un grupo mucho más grande de mayaparlantes, agricultores, que residían en pueblos rurales.

En pocas áreas de América Latina la división racial estaba tan marcada, con castas y la separación del indígena de toda actividad política o administrativa. Aunque la división política entre México y Guatemala ocurrió a inicios del siglo XIX, los años que siguieron a la Revolución Mexicana (1910-1917) no trajeron diferencias discernibles a este lado de la frontera. En ese momento, un programa de redistribución de la tierra –junto con un juego de garantías legales que aparentemente prevenían la expropiación– se aplicó a las poblaciones rurales a lo largo de México; en contraste, ninguna garantía se respetaba con respecto a la población guatemalteca. Y, paralelamente, muy pocas se dejaron sentir en el Mayab mexicano.

Sin embargo, el crecimiento demográfico entre los mayas ha llevado a presionar los recursos disponibles, la deforestación se ha extendido y muchos grupos se han visto forzados a adoptar especializaciones comerciales para complementar sus ingresos derivados de la agricultura. Entre los ejemplos mejor conocidos es el de los textiles de algodón producidos en las regiones montañosas guatemaltecas, que se comercializa localmente y en los países industrializados.

61

Cuando las poblaciones mayas se integraron a las economías nacionales, sus marcadores étnicos distintivos, incluyendo ropas, idioma y prácticas religiosas, han sido a menudo abandonadas, dejando números crecientes culturalmente indistinguibles de la población mestiza.

Recíprocamente, las comunidades económicamente autónomas han usado los mismos marcadores étnicos como un medio de conservar la integridad del grupo y trabajan corporativamente para sostenerse de los recursos naturales que les rodean. Esto provocó que el ejército guatemalteco liberase una campaña de terror en los años setenta, específicamente en contra de la población indígena que se defendía por medio de marcadores de identidad étnica tradicional. El vestido distintivo, el idioma y la religión han sido blancos de la represión militar.

Miles de muertos y "desaparecidos" y un éxodo de por lo menos 500 000 refugiados, la mayoría de regiones donde se habla maya, buscando asilo en México, principalmente, y en otras partes de Centroamérica, es el resultado de esta nueva guerra de exterminio.

Las tierras del pueblo han sido sujetas de ser cogidas por terratenientes y el gobierno patrocinó los programas del restablecimiento por razones obvias.

Se calcula que 15 millones de habitantes vivían en un área de aproximadamente 325 000 kilómetros cuadrados, cuyo eje fue la península de Yucatán. Existen, a la fecha, poco más de 6 millones de indígenas mayas en México y Centroamérica, considerados el segundo grupo étnico más numeroso del Continente, únicamente superado por los quechuas en Perú.

Y a pesar de las cifras, lo cierto es que desde hace más de 600 años vienen sufriendo una guerra de exterminio, la cual tiene tendencia a desaparecer hacia el siglo XXI debido al levantamiento armado de estos pueblos que hoy defienden su derecho a la vida, a su libertad y a su autonomía.

Según datos del Instituto Nacional de Geografía y Estadística (INEGI), 1.9% de la población total del país, poco más de un millón y medio de habitantes, son hablantes de la lengua maya. Mientras que, en Guatemala, según los censos locales, representan 60% de la población.

Aunque, debido a conflictos bélicos entre militares y guerrilla, la inmigración hacia México se estima en ochocientos mil indígenas guatemaltecos, que se encuentran refugiados en los estados de Campeche, Quintana Roo y Chiapas, compartiendo las condiciones de miseria de los mexicanos. Por lo que actualmente los mayas son más de dos millones y posiblemente cercanos los tres millones de personas, que viven dentro de estados mexicanos luchando por salir del yugo. Y eso significa que en México alrededor de 3% de la población es maya.

Han existido proyectos que pretenden integrar a los mayas a las sociedades modernas, los que aceleraron el proceso de aculturación y causaron más problemas regionales. Mundo Maya, por ejemplo, impulsado por los mandatarios de México, Guatemala, Belice, El Salvador y Honduras −cuyos beneficios son bastante cuestionables, pues no escuchan las voces locales−, imponen puntos de vista centralistas, aparentemente federativos, pero en verdad autoritarios.

Y esto es verdad, al punto de que el conflicto armado es una realidad que, quizá, sólo podrá resolverse −como lo dice la profecía− en el año 2012, cuando se produzca el Retorno de los Mayas y se cree un estado autónomo, donde ellos puedan disponer de sus recursos, territorios, gobierno y costumbres.

Capítulo dos

La profeta maya

Me llamo Ha y soy maya.

Me dijeron que mi nacimiento estaba escrito en las estrellas.

Mientras mi madre –la bella Sac Nité (flor blanca)– me llevó en su vientre, sólo recuerdo que soñaba con un gran espacio azul, lleno de puntos luminosos. También me contaron que tardé en nacer casi dos días. El sol se puso y salió dos veces y yo seguía aferrada al cuerpo de mi madre. Fue necesario el concurso de varias mujeres, y muchas ofrendas a los dioses, para que finalmente yo viera la luz. Nací con los ojos abiertos y sin emitir un quejido, como me contaron luego que hacen todos los niños: nacen llorando, yo no, no lloré. Se hizo el silencio a mi alrededor y la partera mayor le dijo a mi madre. "Esta niña verá lo que otros no pueden ver".

Mi padre –el noble señor Kuk (quetzal)– cortó el cordón con una afilada vara de bambú y envolvió cordón y placenta en una manta, para irlo a enterrar más tarde, según la costumbre. Luego me llamó. Mi nombre sería Ha, agua: la dadora de vida.

Inmediatamente, la partera me bañó con agua caliente, me puso ropas limpias, me frotó sal dos veces arriba de la boca y me presentó dos chiles rojos, para "calentarme". Dicen que los niños mayas nacemos fríos porque nuestra alma aún no se ha fijado al cuerpo y por eso todo el ritual. Luego también bañaron a mi madre y le dieron comida "caliente" (atole, huevos de guajolota y chocolate). Dar a luz un ser frío podía enfriarla también a ella.

No recuerdo nada de este primer tiempo. Todos me decían que lloraba poco y comía mucho. Al cumplir los tres meses, tuvo lugar mi *hetzmek*, la ceremonia del bautizo. Mi madrina puso en mis manos un huso, luego un peine de cardar, la mano de un metate y finalmente el mecapal que usan para llevar cargas sobre su espalda. Mi padre luego me diría que nunca me escuchó llorar tan fuerte como durante esta ceremonia. Los objetos adecuados para la mujer, según nuestra raza y tradición se me caían de las manos. Pero así y todo, mi madrina me cargó sobre su cadera y me miró a los ojos. Creo que ella también se dio cuenta que mi destino no era ser una mujer como las otras de mi familia.

—Ha, la dadora de vida —me dijo mi madrina, lo recuerdo—. ¿Cuál hubiera sido tu suerte de no haber nacido en el seno de una familia noble, en la grande y maravillosa ciudad de Tikal?

Al poco tiempo de nacida, pusieron las tablas a ambos lados de mi cabeza, para darle la forma de una princesa y mis ojos comenzaron a acostumbrarse a ver una pequeña piedra suspendida frente a ellos. La seguía día con día. Mi mirada aprendió a centrarse en ella. Y si bien en un principio fue por curiosidad, luego la bizquera vino a instalarse para siempre. sólo así podría tener las características de una niña de rancia alcurnia. Tal vez esto cambió para siempre mi visión del mundo: no veía ya el día y la noche como los demás niños. Pero sólo siendo bizca me parecería a los otros bebés de la familia. Los dos ojos se juntan en un punto… los del alma y los del corazón lo harían más tarde.

Mi padre era el hermano menor del soberano reinante, el gran Ahau, del que hablaban muchas de las estelas que bordeaban la gran plaza de la ciudad.

Todos sabíamos que cuando el gran Ahau muriera, las estelas serían destruidas para dar paso a los testimonios del nuevo soberano reinante, que —según estaba escrito— sería mi primo, el joven Balankín (tigre de sol).

Pero por ahora, yo aún no podía verlo como a un gran rey. Sencillamente era un compañero de juegos maravilloso, con él aprendí los secretos de las iguanas y a observar mariposas blancas en busca de estrellas que van de flor en flor y preguntan: "¿eres tú, Orión?" "No —les responde la flor" y van a buscar otra.

Y aunque estuviera escrito, muchos eran los que entonces sospechaban que las intrigas palaciegas y los juegos de poder quizá dieran al traste con las profecías. El tiempo de los sabios estaba dando lugar al tiempo de los guerreros y la nobleza parecía establecerse cada día más por la sangre derramada que por la poseída por alta cuna.

Apenas dos años mayor que yo, Balankín, el futuro Ahau era mi compañero de juegos. Y uno era nuestro favorito: esconderse para que el otro lo buscara. A veces, en la oscuridad de una fronda, en lo alto de un palo de guayabas, nuestros labios se unieron, nuestros rostros se juntaron y nuestra respiración fue la del padre Huyubcaan, nuestro dios del aliento vital.

Pero nadie, exceptuando él y yo, lo supo: fue nuestro secreto de amor.

Si bien Balankín era educado como un futuro rey, muchas veces lograba burlar la vigilancia de sus ayas y sirvientes y venía a buscarme para jugar.

Creo que nuestra casa era más divertida que la suya, porque no existían tantas formalidades; recuerdo que entrar en casa de Balankín era encontrarse con habitaciones llenas de gente tan estirada, que guardaba el protocolo y jamás reía, que producía la impresión de haber penetrado en tierras de Mictlán, dios de la muerte. El palacio de mi padre, en cambio, nuestro palacio —que luego sería llamado la Acrópolis— tenía muchas habitaciones. La familia era grande y vivíamos con otros hermanos y hermanas de mi padre. Al ser una casa dedicada al culto del sol y de la luz, la alegría existía casi como por decreto, aunque a decir verdad, la mayor de las veces era auténtica.

Sé que mi madre hubiera preferido estar con sus parientes, pero toda mujer maya debe seguir a su esposo. Claro, si mis padres hubieran sido pobres, seguramente la historia sería diferente: él tendría que haberse quedado un par de años en casa de sus suegros, ayudando en las tareas para "pagar" por su esposa. Qué bueno que la historia se escribió de otra manera, pues aquella casa de mi infancia, ay, la añoro, fue como el prometido jardín de Orión, en los cielos.

Mi abuela materna era una chismosa de lo peor y siempre estaba intrigando y haciendo planes para casar a sus hijos e hijas con buenos partidos. Sin embargo, los dioses le impidieron una y otra vez que sus sueños se cumplieran, por lo que todas aquellas tonterías de bodas, fiestas y señoríos quedó en la nada, a no ser por las bromas que podían escucharse constantemente y que tenían que ver con los frustrados anhelos de la vieja.

Pero Balankín y yo éramos totalmente ajenos al mundo de los adultos. Se nos antojaba muy extraño el conciliábulo de mujeres que hablaban sin parar y no dejaban en paz a mi primo. Si bien ellas tomaban a broma las bodas fracasadas, no así lo hacían con respecto a mi futuro.

—Ha —me decía Balankín—, debes prometerme que cuando seas grande no te vas a parecer a tu abuela ni a tus tías. No soportaría que te convirtieras en una señora gorda y mandona, cuchicheando acerca de vidas ajenas. Eres mi amiga, Ha. Mi mejor amiga. Con nadie juego mejor que contigo. Tal vez hasta puedas convertirte en mi reina... Bueno, si es que mis padres lo aprueban. Pero si llego a ser rey, te prometo que te dejaré hacer todo lo que quieras.

—Ah, promesas de hombre. Es como escribir en el barro —reía, sin hacerle caso.

Nuestra infancia fue maravillosa, nos permitían acudir a las casas de canto juntos, así como pasar muchas horas del día sin obligaciones. Balankín entraba a nuestra casa, que tenía muchas habitaciones que se comunicaban entre sí, buscándome. Me escondía entre los huipiles, me cubría con las plumas de los guajolotes o debajo de los cortinados, y cuando él pasaba, le caía encima, como hacen los jaguares hembra sobre el faisán y el venado. El agua corría por unas tuberías especiales y cuando había mucho calor, los sirvientes descolgaban las cortinas de fina tela para que circulara el aire por los cuartos; nada me gustaba más que caminar descalza sobre el frío piso de piedra aquellos días de gran calor y esperar en las sombras la presa de mi cacería.

Todos los cuartos miraban hacia la Gran Plaza y había hermosas escaleras para bajar y subir por las habitaciones y para descender al gran espacio abierto. La habitación de mis padres era una de las más amplias y espaciosas y mi madre la había decorado con infinidad de canastas y hermosas pinturas en las paredes.

Dormíamos en hamacas, pero ocasionalmente en esteras sobre el piso y mirando las estrellas, pues ciertas noches rituales era costumbre salir de las casas y mirar el cielo hasta que éste se metiera tanto dentro de los ojos, que el sueño de un mar de luciérnagas venía sin impedimentos.

Nunca hizo mucho frío en Tikal. Muchas noches, alguno que otro murciélago proveniente de la cercana selva se colaba en nuestros cuartos y era muy divertido ver a todos nuestros sirvientes corriendo con palos y mantas para darles caza. A mí me gustan los murciélagos, esas criaturas ciegas que jamás chocaban contra objeto o persona alguna. Algo me decía que ellos llegarían a convertirse, en un lejano día, en los nuevos habitantes de nuestra casa. Los ciegos, los animales ciegos. A los que yo veía.

Me gustaba despertar con el canto de las cigarras, que anunciaban otro día más de calor. El siguiente ruido que escuchaba provenía de la cocina: el sonido de muchas manos trabajando en el metate, moliendo el maíz para hacer la comida del día. Creo que todo Tikal se despertaba con este hermoso sonido. Muchos años después cuando estuve sola en la selva, llegaría a añorar este dulce son. Con un puñado de pinole, algo de fruta y pozol endulzado con miel, ya tenía yo para pasar el día hasta la hora de comer.

Balankín y yo nos escondíamos el uno del otro. Cada quien tenía sus lugares favoritos de la casa. Así uno podía escurrirse tan pronto dentro de una gran canasta como hacerse ovillo en la hamaca favorita de mi padre. O correr por todas las húmedas habitaciones, para esconderse en el temazcal, el lugar favorito de mi madre y mis tías.

El juego se interrumpía cuando nos llamaban a comer. Nada me fascinaba más que el espectáculo de las sirvientas de la cocina, cacheteando la bola de masa de maíz, hasta convertirla en un delgado disco que ponían a cocer sobre los grandes comales de barro. Sé que ni Balankín ni yo éramos bienvenidos en la cocina. Como jóvenes de noble linaje, no nos correspondía estar allí... pero siempre nos las ingeniábamos para comer las primeras tortillas calientitas e infladas, recién salidas del comal.

No recuerdo haberle dado mucha importancia a la comida. Desde niña fui muy delgada. Creo que hubiera sobrevivido solamente con tortillas y frijoles, si mi madre no se hubiera ocupado más firmemente de mi alimentación. Balankín se reía de mí.

—Desaprovechas lo mejor de la vida, Ha. Siempre tienes la cabeza en otra parte...

—Sí, en las estrellas —le respondí, porque quería saber la razón por la que Venus era diferente a las demás luminarias.

En verdad sufría cuando mi tío nos invitaba a los grandes festines que celebraba en el Palacio Real. Cazuelas con todas las salsas, guajolotes adobados, tamales con los más variados rellenos: de habas, de pepitas de calabaza y de hebras de carne, faisanes en achiote, cientos de platillos desfilaban ante mis ojos.

Lo único que me gustaba un poco era el pescado que los sirvientes del Ahau traían desde la costa. Envuelto en hojas de maíz y asado, era un bocadillo hasta agradable... Tal vez un trago de chocolate ayudaba a pasar todo aquello por mi garganta. Pero la comida y yo nunca tuvimos una buena relación.

En especial detestaba la carne de venado, que tan sabrosa les parecía a mis mayores. Era algo terrible que tuvieran que matar a esos hermosos animales, que muchas veces se acercaban a mí, a comer de mi mano, ignorantes de su suerte. ¿O es que tal vez no les preocupaba el futuro? ¿Los venados no le temen a la muerte?

Digamos que yo comía para crecer, para sobrevivir y para alimentar a mi cuerpo y mi cerebro. Aunque adoraba las pitahayas, esa fruta tan rosa por fuera y blanca por dentro. No sé que me agradaba más: si comerla o verla. A veces, sencillamente, olerlas con los ojos cerrados.

Desde que mi tío supo de mi pasión por esta fruta, jamás faltó una provisión diaria de ellas en mi casa. Al menos en la temporada. Y dulces de pitahaya en la secas. Pero esos fueron otros tiempos, los felices.

A mi padre lo veía poco. Una enfermedad de nacimiento le impidió convertirse en un gran guerrero. Mi padre era ciego, pero él decía que veía con los ojos del corazón. Poseía un carácter muy dulce −tal vez por eso se enamoró mi madre de él−. El rey, su hermano, el Ahau, lo tenía en gran aprecio porque mi padre era un hombre muy sabio. Había estudiado y llevaba en su cabeza la memoria de la Cuenta Larga. Conocimiento que no le estaba permitido a los nobles, pero que sin embargo, los sacerdotes enseñaron a mi padre, pues pronto adivinaron en él las cualidades de un hombre estudioso y sabio.

Estaba poco en casa, porque pasaba la mayor parte del tiempo cerca del rey; trabajando como su consejero, como los ojos del alma. Un joven esclavo le servía de lazarillo al subir o bajar las largas y empinadas escaleras de los templos y palacios, pues en ese entonces −en la época cuando yo vi la luz en Tikal− nuestra ciudad era la luz de todo el mundo conocido y su esplendor se reflejaba en la piedra, por lo que mi padre tenía que ser conducido para no tropezar y caer.

Me gustaba sentarme en el regazo de mi padre o de mi madre para contemplar la Gran Plaza durante las ceremonias. Desde nuestro hogar, se divisan los tres juegos de pelota, los sacbés (caminos) que comunican Tikal con otras ciudades del Petén, los grandes templos con sus maravillosas crestierías y las viviendas de los sacerdotes y artesanos. En época de grandes ceremonias, la Gran Plaza se llenaba de la gente del Mayab, que venía a rendir homenaje al Ahau, mi tío, y verlo con admiración cuando se lastimaba sus carnes para que la sangre −nuestra vida− sirviera de alimento a los dioses. Luego la multitud se desperdigaba en dirección a los juegos de pelota, el juego de la vida y la muerte que nunca me gustó. La única vez que me llevaron a presenciar uno, lloré toda la noche, tanta fue mi impresión al ver cómo los prisioneros de guerra luchaban ya no por su vida, sino por una muerte más digna, algo mejor que la esclavitud segura. Y ganar el juego significaba perder la cabeza, no ya las manos trabajando para otros.

En esos momentos, viéndolo lujosamente ataviado y enjoyado, el gran Ahau, el soberano de todo Tikal, no se parecía a mi tío. Me daba miedo. Inspiraba una curiosa mezcla de temor y respeto. Sobre todo en mí.

Sabía que me quería y que era inofensivo, pero siempre estaba distante y con cara de preocupación, metido en asuntos de Estado. Sólo lo veía sonreír cuando estaba junto a mi padre. Los hermanos se amaban entrañablemente y es por ello que el rey había ordenado a los mejores artistas que construyeran y decoraran la casa de la familia de mi padre. Si bien, no tenía las lujosas crestarías del palacio real, era amplia y muy confortable, llena de pinturas, tallas en madera y piedra labrada. Posiblemente la casa más señorial de todo Tikal, a excepción de la del Ahau, es lógico.

Balankín y yo, por ser niños, estábamos eximidos del espectáculo de los sacrificios de guerreros y soberanos enemigos que se efectuaba regularmente en la Gran Plaza. Nunca me gustó ver el dolor ajeno... ¡Ah, qué lejos estaba yo entonces de saber que vería mucho más que eso!

Mientras fui una niña pequeña, gustaba de trepar por las escaleras del gran templo, el más hermoso de la ciudad. Subía hasta lo alto y desde allí contemplaba Tikal resplandeciente bajo los rayos de nuestro padre, el sol.

Perdía la cuenta de todas las edificaciones —en el futuro, dirían que llegó a haber cerca de tres mil—. Había hermosos palacios, templos, juegos de pelota, residencias y caminos. Las personas y los animales deambulaban por las calzadas. Las iguanas tomaban sol en los lugares menos habitados y de vez en cuando, se veía a una que otra cruzar corriendo por la Plaza. O desaparecer por los rincones y las escaleras, para volver a la selva que rodeaba Tikal.

Los mercaderes llegaban y se iban de la ciudad... parecía un gran hormiguero. Entre los que caminaban por la Plaza, era fácil adivinar a qué clase social pertenecían por su vestimenta: los que vestían con más lujo y eran acompañados por esclavos y sirvientes eran los nobles, mi gente. Los mercaderes comunes trataban de imitarlos, pero sus ropas eran menos elegantes. Y finalmente estaban los desposeídos, aquellos que llegaban a vender cualquier cosa con tal de llevar alimentos a su familia.

Con el tiempo, la familia del Ahau se fue haciendo más y más grande y se fueron levantando muchas más residencias lujosas alrededor de Tikal.

Luego supe que tenía unos parientes lejanos, también de noble linaje, pero que fueron condenados a vivir en las afueras de la ciudad por intrigar contra nuestro soberano; fueron quienes dieron comienzo a las insurrecciones.

Hasta que no fui más grande no pude comprender cuánta era la ambición de poder en la aparentemente pacífica nobleza de Tikal.

A este tipo de gente se les llama *cahalob,* nobles o antiguos señores, quienes se sometían de no muy buen grado a la autoridad de mi tío, el Ahau, y supongo que también al padre de su padre, pues desde entonces habían gobernado mis ancestros.

Muchos de los cahalob se alejaban definitivamente de Tikal, fundando pequeños centros ceremoniales semejantes a nuestra gran capital, donde ejercían su poder sobre pequeñas comunidades. Si bien trataban de imitar en todo a nuestra gran capital, carecían de los recursos de nuestros soberanos y su tren de vida era menos fastuoso. Por lo que pasaban sus vidas envidiando y odiando al gran Ahau, en una trama de fantasías de asonadas, sangre, tortura y poderío robado. Pero muchos de los cahalob, en cambio –cuando le eran fieles al rey, el Ahau– eran recompensados: pasaban a ser sus representantes y se encargaban de cobrar tributos, dirigir obras públicas y guiar los trabajos colectivos, como ocurrió cuando la construcción de último gran templo, más allá de la selva. Y aunque los nobles de menor categoría y los sabios no eran tan ricos como nuestro soberano, se apreciaba inmediatamente su diferencia social con la gente del pueblo. En su forma de vestir, de vivir, de ordenar… y de morirse.

Nosotros, los más altos nobles, tenemos derecho a tumbas especiales, mientras que los pobres son sepultados en el interior de sus propias y modestas casas. Ah, nuestra obsesión por ser recordados, por saber el futuro, porque no nos olviden. Pasión de nobles y de cahalob.

Convivir con los muertos no es algo que me dé miedo, ni me lo daba de niña y menos ahora, cuando veo cada vez más frecuentemente a Tikal como a una sombra donde deambulan los espectros de mis antepasados y de mis padres... Veo sus tumbas abiertas, sus huesos convertidos en polvo y pisoteados; nuestros tesoros saqueados por otros hombres y las viviendas convertidas en hogar de las criaturas de la selva. Este es nuestro destino... el destino de todos los hombres. Pero los mayas no moriremos. Algún día retornaremos. Eso lo sé, lo veo.

Luego de los nobles, los sabios y los comerciantes, un grupo de personas que me atraen son los sirvientes. Conozco a casi todos los sirvientes del palacio. Muchos quieren imitar a sus amos, pero a diferencia de la jerarquía, tienen que trabajar: cocinan, lavan la ropa, limpian y conocen los gustos y el protocolo de la corte. Casi todos ellos viven en lugares agradables, rodeados por espacios verdes donde deben dedicar parte de su tiempo al cultivo de la tierra y el cuidado de los animales para su sustento. Y a pesar de que se pasan todo el día en diversas labores, parecen ser felices.

Pese a su noble linaje, mi padre piensa que yo debo aprender a convivir con todas las clases sociales. Lo hace a escondidas de mi madre y nunca le estaré del todo agradecida por haberme permitido esta experiencia.

A quien siempre busco cuando voy de visita al palacio real es a Tukuluchú (lechuza), quien desempeña las funciones de maestro de ceremonias y es responsable de la cotidianeidad de la vida en el palacio. Es una suerte de jefe militar, esposa regañona, cocinero y ama de llaves. Nació en nuestra casa, pero desde muy joven se quedó al servicio de mi tío. Me conoce desde que nací y me recibe siempre con grandes muestras de alegría. No obstante que los niños no debemos entrar a los aposentos privados del Ahau, Tukuluchú hace como que no me ve... y paseo a mi antojo frente a los murales que representan la gloria de mis parientes.

Otras veces, Tukuluchú me lleva a su casa, al final de la ciudad, por el rumbo donde sale el sol. Con el consentimiento de mi padre suelo estar allí un par de días. Con la familia de Tukuluchú voy a la milpa, aprendo a usar la coa para sembrar y a pedir a los Chaacs que nos envíen la preciada agua.

Incluso hubo un tiempo en que estuve encargada de cuidar a una pareja de guajolotitos recién nacidos, me seguían a todas partes: como hoy las lágrimas.

Fue muy divertido, pero aprendí que a veces la vida no siempre es cómoda y fácil. No hay paraíso en la Tierra, tan sólo vemos la flor, tan sólo escuchamos su canto, cuando ya el jade cubre nuestros huesos.

Una de las cosas que más me gustaba cuando niña era escuchar las historias que Tukuluchú contaba a sus hijos: de cómo los mayas leen las estrellas, de cuando en nuestra tierra todo era paz y felicidad, del tiempo en que la gente era muy feliz... Pero ni así pudo sobrevivir nuestra ciudad.

Aún recuerdo el día en que los vi por vez primera: muchos hombres reunidos con el Ahau, trazando extraños signos en la tierra y hablando entre ellos. Luego supe que eran los arquitectos y matemáticos que estaban diseñando el nuevo palacio. Sentí una extraña fascinación por sus semblantes serios y concentrados, su poco hablar... y lo que hacían con sus manos: escribir sobre la tierra y hacer extrañas maniobras con unos tableros de dos colores. Hablaban un lenguaje desconocido para mí, que, paradójicamente, se me antojó una suerte de tonada familiar. Como si en otro momento, en otro lugar, yo hubiera participado de una reunión como ésa.

Veo que agotaremos la tierra, el aire y el agua. Poco a poco deberemos abandonarla... Quién iría a pensar que un día hasta yo misma abandonaría la ciudad que me vio nacer, huyendo con un rollo de códices bajo mi huipil, agazapada en la oscuridad y ayudada por el más fiel amigo de mi padre.

Pero por ahora prefiero recordar la época feliz de mi vida y no abrir estos ojos que ven el futuro.

Lo que más me gustaba eran los sorpresivos aguaceros al caer la tarde. Podías estar paseando por el juego de pelota cuando la lluvia caía con gran fuerza, el cielo se oscurecía y daba la impresión de que se iba a acabar el mundo. Balankín y yo nos refugiábamos bajo alguno de los hermosos arcos que daban a la Gran Plaza. Al poco tiempo, volvía a verse el sol y la vida proseguía. Era divertido sumergir los pies descalzos en los charcos, antes de que el suelo de piedra blanca caliza se los tragara. Los mayormente agradecidos eran los chultunes, que se llenaban de agua fresca y los depósitos de agua de la ciudad recibían litros y más litros del preciado líquido.

Cuando me cansaba del espectáculo de la gran ciudad de Tikal, me escurría hacia el interior del Templo para admirar los hermosos murales. Conocía la historia allí plasmada: la de la grandeza del pueblo maya; pero el mural que me atraía con mayor fuerza era el que representaba a los cuatro lados del mundo, con sus cuatro colores. Cuadrada, así era nuestra imagen del mundo y a cada punto le correspondía un color, un Chaac —el dios dador de lluvia—, una ceiba y un Bacab, el dios sostenedor del cielo. Claro que le añadíamos un quinto punto: el centro del mundo, que también tenía su ceiba.

El artista que lo había pintado fue amigo de mi padre. Los recuerdo a ambos, dialogando en la Plaza.

—Será una flor —le dijo. Y mi padre sonrió, imaginándola, viéndola con otros ojos.

La pintura roja parecía hecha de sangre y se mezclaba con el negro y el blanco. Tal vez algún día yo sería una artista... aunque cuando se lo decía a mi padre, sus ojos vacíos dejaban escapar algún lloro.

—Creo que tu destino será ser diferente a todos, mi amada Ha —me contestaba.

Cuando pasaba frente a los dinteles tallados en madera de zapote, inmediatamente me sentía invadida por el deseo de trabajar la dura madera y lograr que ésta hablara y la admonición paterna se me olvidaba, aunque luego su voz me hacía acallar estos indebidos deseos.

Más allá, las caras de los dioses del inframundo me aterrorizaban: la madera tallada parecía hablar. Y me invadía el terror. Entre sus rostros veía cómo entre sueños la imagen de un hombre blanco que vestía un extraño ropaje… a sangre y fuego.

Mejor salía a jugar fuera. Si las visiones no se iban, buscaba refugio en mi casa, en la gran sala donde se reunían las mujeres de mi familia a hablar de sus hombres, de sus hijos y de los chismes de la corte del Ahau. Parecía que reconciliándome con esa femineidad que rechacé desde que nací cuando dejé caer la mano de metate, iba a hallar algún consuelo; pero no, los ojos —como las alas de las mariposas— una vez que se abren y se secan, ya no pueden parar de volar.

Los días de mercado, me escapaba de la mano de mi madre y curioseaba por aquí y por allá. Una vez al mes venía un amanteca (artesano del arte plumaria) de tierras lejanas, a ofrecer sus maravillosos trabajos hechos en plumas de diferentes pájaros. Mi madre era su cliente asidua y gracias a esta relación, pude tener un hermoso brazalete de plumas verdes.

Sí, los días de mercado, la plaza eran una fiesta. Me encantaba caminar por las diferentes calles y descubrir entre la pila de cazuelas de barro, alguna extraña pieza de tierra negra, proveniente de lejanos rincones del mundo. O andar por el lugar donde los médicos y curanderos exhibían toda clase de hierbas. A nosotros, los mayas, la música es como una segunda piel, por lo que en todas partes del mercado se escuchaban timbales, tamborcillos y cascabeles. Bailar es para mí mucho mejor que flotar y así andaba entre mimbres, tocados y vainas de vainilla traídas desde tierras lejanas.

Muchas veces mi madre me daba algunos granos de cacao para comprar lo que se me antojara. Y siempre hacía lo mismo: lo gastaba en rollos de papel amate que atesoraba luego en mis aposentos, con la esperanza de poder reproducir sobre ellos los extraños signos que veía trazar a nuestros sabios. Cierto día, ante mi sorpresa, el marchante de amates mordió mis granos de cacao y descubrió que estaban huecos: se había corrido la noticia de que una banda de falsificadores de dinero había llegado a Tikal, vaciando los granos de cacao y rellenándolos con lodo, para que tuvieran el mismo aspecto que nuestro dinero. Claro que a mí no me dijo nada, sino a mi madre, que desde ese día fue más cuidadosa al ver a quién le compraba o de quién recibía dinero.

Fue en un día como éstos, cuando yo tenía ya cerca de seis años, que tuve mi primera visión.

La plaza estaba abarrotada: los guerreros estaban vestidos con sus mejores atuendos. Por todas partes se veían pieles de jaguar y tocados de plumas de quetzal. Las joyas relucían y tronaban los caracoles y tambores. Mi primo, el príncipe Balankín, sería nombrado el próximo Ahau. Todo era alegría en los rostros de la familia real. Y de repente se hizo el silencio, caí en un extraño sopor y como en sueños comencé a ver más allá de la piel de la vida diaria.

Pude ver la Plaza vacía, silenciosa, invadida por los chillidos de los monos y el paso de las iguanas. La selva había casi sofocado a la ciudad y de la esplendorosa Tikal, no pude ver más que la cima de dos o tres templos y mucha piedra derruida... no había vida, no había nada...

Desperté al anochecer. Mi padre me acariciaba con su mano húmeda. Hacía mucho calor.

—También lo viste, ¿verdad? —quiso saber mi padre—. La ciudad desierta, las piedras destruidas. La gloria de Tikal convertida en polvo... Ha, tú no serás como tu madre o tus tías. Estoy esperando este día desde el momento en que naciste. Tu mano no bordará ni batirá chocolate, tu mano empuñará los delicados pinceles y escribirá sobre los códices. Tus ojos no verán el sol del día, sino la marcha de las estrellas. Tú eres quien yo estaba esperando. Desde hoy tu educación estará a mi cuidado.

Mi vida cambió a partir de ese momento. Recuerdo que mi madre se convirtió en una mujer triste y silenciosa. Yo era su alegría, siempre pegada a su huipil. Mi padre me arrancó de su lado y me llevó a otro mundo, un lugar donde el futuro y el pasado conviven, un espacio diferente al Tikal que amé, al de todos los días y todas las horas. Entonces comenzó mi iniciación y descubrí que era una profeta maya.

El joven esclavo de mi padre era ahora el encargado de conducirme al palacio y a las habitaciones de mi padre. Aquello ocurrió de súbito. La siguiente vez que subí las empinadas escaleras —hacía dos días que había cumplido seis años— mi pequeñas piernas ya estaban entrenadas para subir los altos escalones, que mis mayores subían y bajaban de lado, con soltura y agilidad.

El lugar estaba prohibido a los niños, por eso llegábamos al amanecer y me iba cuando las primeras luces de nuestra madre Itzchel, la luna, alumbraban la gran plaza.

Luego de purificarme, bañándome con agua clara, las doncellas del templo me pusieron un huipil completamente blanco, dejaron mis pies descalzos y suelto mi negro cabello. Fui conducida a una sala, y sentada en un rincón, oculta tras un hermoso cortinado, bordado con motivos de quetzales y jaguares, me indicaron guardar silencio y atender.

Al poco apareció mi padre quien, abrazándome, me instó a no moverme de allí. Estaba en el recinto destinado a la educación de los príncipes y de los nobles… Si llegaran a enterarse que había un menor, y además una mujer, mi padre sería castigado.

Ese día tuve mi primera lección sobre la desventaja de las mujeres en relación con los hombres mayas, pero también aprendí mucho acerca del valor de mi padre y su sabiduría para rebelarse contra las normas establecidas. Los dioses no siempre hablan claramente… y si así lo hacen, nosotros, los mortales, encontramos difícil captar la exactitud de su mensaje. Por eso necesitamos los ojos del corazón. Por eso estaba yo allí.

Así pasaron los días, los meses y los años. Balankín también dejó de ser mi compañero de juegos. Lo veía poco y del niño alegre y regordete que jugaba a descubrir mis escondites, ya no quedaba nada: se había convertido en un muchacho solemne, con poco sentido del humor y siempre preocupado. Muy de vez en cuando, venía a visitarme, pero ya no como mi compañero de juegos, sino como una suerte de hermano que aparece cada tanto, procedente de las tierras lejanas, a pedir cuentas y tributos.

Luego vino lo más doloroso: la limada de los dientes para convertirlos en finos aguijones, como los de un tigrillo.

—Doloroso, pero necesario —exclamó el cirujano dentista que realizó las incrustaciones de esmeralda y obsidiana que me pusieron, con sumo cuidado, en cada uno de mis dientes delanteros.

Ah, cómo adoraba yo estas piedras verdes, casi líquidas que dejaban pasar los rayos del sol, convirtiéndolos en una lluvia verde. Nos llegaban desde lejos, desde los confines del imperio y eran muy costosas. Pero mi padre no tuvo reparos en gastar una fortuna en mi sonrisa. Yo era la más amada de sus hijas. Ahora sé que siempre lo fui. Con el paso del tiempo, tuve más seguridad y confianza en mí misma: podía sonreír porque ahora sí parecía una niña maya de noble cuna.

Ya no jugaba con otras niñas con las muñecas de madera, ni ayudaba a las mujeres de mi familia en las tareas de la casa. Tampoco mi madre hablaba de mí con sus amigas. Nunca se mencionó la palabra matrimonio ni me asignaron un futuro esposo. Creo que con el tiempo, mi padre —con su infinita paciencia, sabiduría y dulzura— pudo hacer entender a mi madre que yo había nacido con cualidades especiales. Que no sería como las demás mujeres. Así empezó mi educación, con la prohibición absoluta de compartirla con alguien.

Yo sabía que, secretamente, mi tío el Ahau, estaba de acuerdo. Y si el rey asentía, era poco probable que se le contradijera, aunque la violación a la norma debía mantenerse en secreto. Sin embargo, como no todos los días nacían en Tikal niños mayas con el divino don de ver el futuro y yo, Ha, era a la vez regalo y castigo de los dioses, se toleró mi presencia en el lugar prohibido.

¿Era feliz? No, no lo fui, salvo por breves momentos. Aquellos en que de boca de mi padre y de los sabios y sacerdotes de Tikal se me comunicaba la sabiduría pasada, presente… y futura.

Muchos días, las lágrimas brotaban de mis ojos: no entendía el significado de las cosas, las palabras eran muy difíciles y se negaban a entrar en mi cabeza. Mis maestros no tenían la paciencia de mi padre.

Creo que lo que me costó más trabajo fue entender cómo nosotros, los mayas, contamos el paso del tiempo y cómo, sabiendo tanto acerca del presente, podríamos ver en el pasado y el futuro como si de un espejo se tratara.

Nosotros, los mayas, compartimos un calendario común, nuestro *tzolkín*, un año de 260 días. Una difícil y maravillosa combinación de veinte días y trece números que dan la cuenta de 260. Los mismos 260 días que se necesitan para la gestación humana y para el ciclo completo del cultivo del maíz. Poco a poco pude aprender los nombres de cada uno veinte días con sus nombres: Ik (viento), Akbal (noche), Kan (iguana), Chicchan (serpiente), Cimi (muerte), Manik (venado), Lamat (conejo), Muluc (lluvia), Oc (río), Chuen (mono), Eb (diente), Ben (caña), Ix (tigre), Men (águila), Cib (búho), Caban (temblor), Eznab (pedernal), Cauac (tempestad), Ahau (señor), Imix (lagarto).

Día y noche los repetí. Primero de a uno, luego por parejas, hasta que pude entender —en un súbito chispazo de inspiración— cómo se combinaban. El total de posibles combinaciones de cada día con cada número es de 260 y entonces se regresa al punto de partida. También pude darme cuenta que cada uno de nosotros nacemos en el mismo día del tzolkín en que se es concebido. Y que el maíz debe cosecharse el mismo día del tzolkín en el que fue plantado.

Una vez que entendí esto, me fue mucho más fácil aprender nuestras otras maneras de medir el tiempo: además del mes de 20 días, tenemos otro de 28 días, relacionado con las fases de la luna, que tanto les gusta observar y estudiar a nuestros astrónomos y matemáticos.

Y aún hay más ciclos dentro de los ciclos: la medición en Tun que abarca 360 días —los complicados Haab de 365 días—, el Katún de 7 200 días (que es igual a 20 Túnes o 20 años Haab), el Baktún 14 4000 días (igual a 20 Katunes o aproximadamente 400 años del Haab), el Piktún de 2 880 000 días y así hasta sumar ¿la eternidad? Esta es la Cuenta Larga.

Una vez que aprendí los grandes ciclos, vino el trabajo de aprender los pequeños: que cada Haab de 365 días se divide en 18 meses de 20 días cada uno, con 5 días finales.

Este es nuestro año solar y el mes más festejado era Mac (marzo) cuando se hacían las ceremonias para atraer la lluvia: entonces se cazaban y sacrificaban muchos animales, quemándose sus corazones y derramando mucha sangre, como símbolo de la esperada lluvia.

En el mes Tzec (octubre) se realizaba otra gran fiesta dedicada a los chaques, para pedirles que tuviéramos una abundante cosecha de miel de las colmenas. Y mucho maíz.

Comprendí y comencé a aceptar mi destino, incluso el conocimiento me trajo una especie de dicha hasta entonces por mí desconocida; ya no era el gozo animal del cuerpo y los olores, sino el perfume de la sabiduría, lo que me llevó a una serenidad hasta entonces desconocida. Era la única herramienta que me permitía restablecerme de mis visiones, pues les daba un sentido; ya no eran un caos de tiempos entremezclados, sino la música que produce el tiempo en cada uno de sus ritmos o ciclos en este el Gran Canto, la Gran Flor, la vida misma.

Pero nada puede compararse al día en que recibí un tablero de madera, dividido en dieciséis cuadrados. Era la esencia misma de nuestra sabiduría. Con él podría saber sumar, restar, multiplicar y dividir. De una manera tan rápida y sencilla que las generaciones futuras tardarían muchos años para descubrir cómo lo hicimos, pues ellos primero destruirán sólo para preguntar más tarde… Simple sentido común. Sencillez. Algo bien complicado de entender. Con este mismo tablero de madera, mi madre podría calcular el presupuesto de un mes y mis maestros, la periodicidad de los ciclos de Venus, la estrella de la mañana y del atardecer y sus caprichosos círculos.

Pero cuando la rugosa superficie de madera tocó mis manos, mi mente se encendió y lo vi: Un simple tablero para hacer cálculos. 16 espacios de los cuales se olvidará su sentido, su por qué y para qué. El tablero de las brujas y de los reyes. Viajará por todo el mundo y lo verán como objeto de brujería. Y ni siquiera sabrán para qué sirve. Una tabla de multiplicar…

Sin darme cuenta, cambié la ropa de niña por la de una jovencita. Mis huipiles se hicieron bordados, más elaborados de acuerdo con mi condición de noble linaje. Pronto pude usar algunas joyas: cuentas de jade en mis orejas, brazaletes de plata y piedras azules en mis muñecas y tobillos. Mi aya de la niñez debió encargarse de mis hermanos pequeños y mi madre puso varias doncellas a mi servicio. Apenas podía recordar su rostro, absorta como estaba en aprender todo lo que se me estaba enseñando. Y sin que tuviera plena conciencia de ello, un saber vedado hasta entonces a las mujeres.

Solo cinco días de cada Haab me estaba permitido permanecer en mi casa y no asistir al templo ni recibir lecciones. Eran los días Uayeb, los que quedaban fuera de la cuenta de los meses y que eran considerados nefastos. Pero también me gustaban porque podía convivir con mi familia y realizar los preparativos para recibir el nuevo año. No podíamos trabajar, mucho menos pelearnos; pero estaba permitido besarnos y contarnos nuestros sueños unos a otros, estaba permitido reír en voz baja.

Pasaron varios Tzolkines, Tunes y Haabs. Pasó el tiempo. Mis maestros se miraban entre sí, temerosos de lo rápido que yo había aprendido. ¿Sería este el momento indicado para aprender la gran cuenta del tiempo y saber así la historia completa de mi pueblo? El tiempo y los dioses hablaron.

Un día mi padre cayó muy enfermo. El peso de los años y las enfermedades habían minado su frágil cuerpo. Al final de sus días, amado y honrado por amigos y enemigos, me llamó a su hamaca favorita, el lugar donde pasaba las horas meditando —sin ver— frente a la gran plaza. Recosté mi cabeza en su regazo, él me acarició con su mano fría y pálida y me dijo:

—Ha, la más amada de mis hijos. Tu camino desde ahora en adelante no será fácil. Sigue estudiando. Tal vez, algún día tú llegarás a ser sabia entre los sabios. Tú serás la guardiana de nuestra memoria. Lo sé, lo he visto en mis sueños… Ya es tiempo de despedirnos, ya es tiempo de que extiendas tu ver.

La noche de ese día no pude conciliar el sueño. Hacía demasiado calor y no soplaba una brizna de viento. El cielo estaba despejado y luminoso. De pronto, una extraña luz cruzó el cielo. Cerré los ojos, y la visión de una gran hoguera apareció ante mí:

Vi cómo los libros sagrados de los mayas, nuestros amados códices, eran pasto de las llamas. Un hombre vestido de oscuro contemplaba las llamas con aire de satisfacción.

—Fray Diego de Landa —alcancé a murmurar entre sueños.

Un nombre que muchas veces acudiría a mis labios y a mi memoria.

A la mañana siguiente, mi padre había muerto.

Desde ese día, me fue negada la entrada al Palacio Real y al Templo. Mi primo Balankín se preparaba para ser el próximo soberano y acaparaba toda la atención de maestros y sacerdotes. Mi tío sintió mucho la muerte de su hermano y se olvidó de mí.

El Ahau envejecía a ojos vista y caminaba silencioso por su palacio y la Gran Plaza contemplando las estelas con sus efigies labradas en piedra. Tal vez adivinaba su destino. Pero nunca me preguntó nada. Sabía que no sería recordado y no deseaba escuchar la realidad.

Me sentía inquieta. Necesitaba respuestas. Tenía muchas preguntas a las pesadillas de los libros en llamas y la Gran Plaza desierta.

"Fray Diego de Landa", repetía para mis adentros.

Sólo uno de los maestros acudió a verme, secretamente. Se ofreció a seguirme enseñando. Y así, noche tras noche, aprendí el gran secreto de la marcha de las estrellas en el cielo y de la rueda de los katunes.

Supe lo que estaba vedado para muchos: que el tiempo y la vida dan vueltas eternamente y que lo que hoy es presente, volverá a serlo cuando gire la rueda. Aprendí la fecha secreta de la creación del mundo, a partir de un punto: el origen, el comienzo. Una fecha o cifra que luego llamarían cero, que compartimos con otra civilización del otro lado del mundo, los hindúes y nuestros hermanos del Tíbet.

Así llegué a conocer que el mundo actual fue creado el 13 de agosto del año 3113. Esta manera tan perfecta de contar el tiempo transcurrido nos permitía conservar un registro muy detallado no sólo del linaje de nuestros reyes, sino también de nuestra historia, la historia de los mayas.

Aprendí también acerca de los movimientos de Venus, nuestra estrella de la mañana y de la noche, la que tanto brilló durante la noche en que yo nací.

Supe registrar cuidadosamente las fases de la luna y aprender a predecir cuándo sería el próximo eclipse. Aceleradamente mis maestros fueron mis alumnos. Y la profecía vino a visitarme.

Pero era una mujer maya. Ha, la noble sobrina del Ahau, la prima del próximo Ahau y no podía ser una gran sacerdotisa, por más que hubiera nacido con el don de saber que lo que hoy es hoy, en breve será ayer y tal vez el ayer vuelva a estar en el lugar del mañana. Podía ver lo que muchos no sabían… Pero no ocupar un lugar en la sociedad. Curiosamente, mi gran poder me llevaba a ser una descastada, una desposeída: Ha, la dadora de vida, no existía, jamás pudo haber existido. Sólo una sombra en el amate.

Pronto comencé a ser consultada por sacerdotes, nobles amigos de la familia de mi padre y miembros de mi familia. Para algunos era respetada, pero para otros no era más X-pul-yaa: una hechicera. Hasta que un día recibí una gran y al principio agradable sorpresa, aunque raudo adiviné la razón de la visita. Secretamente, Tukuluchú vino una noche a decirme que mi presencia era requerida en el Palacio Real. Mi tío estaba muy grave y mi primo deseaba verme.

Todo era silencio y dolor en el Gran Palacio. Fui conducida a los aposentos del futuro rey. En el tiempo que dejé de ver a Balankín se había convertido en un hombre muy apuesto, bronceado por el sol, alto y delgado. El prototipo de la nueva clase guerrera que pronto tendría al Mayab bajo sus pies.

Confundida ante su presencia, no supe si tocar el piso con mi frente, darle la mano o mirarlo a los ojos. Él me ahorró el momento de confusión.

—Prima Ha, te he mandado llamar porque sé de tu sabiduría, del don que tienes para ver el tiempo que vendrá. Mi padre agoniza y mis hermanos menores disputan el trono conmigo. Necesito una señal que confirme que yo voy a ser el rey. Algo que logre emparentar nuestro glorioso pasado conmigo. Una persona, un lugar, un mensaje que me señale a mí como el elegido... Trabaja en ello y si tienes éxito, pídeme lo que quieras. Pues menos la inmortalidad, puedo concedértelo todo.

¿La inmortalidad? ¿Quién era este arrogante mancebo para atreverse a hablar de lo que no sabía? No bromeaba, eso fue lo más terrible.

Balankín no pedía nada nuevo: yo sabía de muchos reyes que intentaban cambiar o acomodar el pasado a sus intereses. Sucedió y sucederá en Palenque... sucedió y sucederá en Tikal.

—El secreto está en la Rueda de los Katunes —le dije.

—Allí debes buscar, prima —me despidió de prisa.

Me destinaron un aposento del palacio real, adonde fui conducida con la prohibición expresa de salir de allí hasta no dar con la respuesta ordenada.

Días y noches. Días de agonía, mirando como entre sueños, sucumbiendo bajo el sopor del verano... intentando ver. La Rueda de los Katunes. Cada vez que me asomaba al pasado, un rostro comenzó a hacerse nítido en mis pesadillas. Un rostro y una inscripción. Lo vi, lo supe: Cielo Tormentoso, nuestro más grande rey. Debía acomodar la Rueda de los Katunes, manipular la historia. El pasado es el futuro, el futuro es el pasado. La guerra es la paz. Sé que alguien más escribirá en el futuro acerca de esto.

De algo sí podía estar segura: yo también terminaría por convertirme en polvo, tal vez mezclada con el polvo de la gloria de Tikal. No sentía dolor ni miedo por ello. Lo que más me atormentaba era la certeza de que el fuego quemaría casi toda nuestra sabiduría.

—¿Es que no sobrevivirá nada de la grandeza de los mayas? —interrogué a las estrellas.

Y ellas respondieron:

—Tal vez la piedra, tal vez vuestros nietos.

Estoy en el año 682 de la era cristiana. Hoy sube al trono mi primo Balankín, que el mundo futuro conocerá como el Gobernante A. De él no se va a conservar ni su nombre. Pobre Balankín, justo él que tanto sueña con el poder y la gloria y con ser recordado por los siglos de los siglos. Le dije lo que pude, le di pistas y él creyó ser el poder y la gloria.

Hoy es un katún 8 Ahau y han pasado exactamente trece katunes desde la coronación de nuestro más grande rey: Cielo Tormentoso. 256 años que subió al trono la gloria de Tikal. Eso lo sabemos quienes llevamos la cuenta larga. También sabemos que en esas fechas, los Itzáes fundan otra ciudad luz, que será conocida como Chichén Itzá.

Finalmente pude darle a mi primo la fecha exacta para su coronación y que apareciera ante el pueblo de Tikal como la reencarnación de Cielo Tormentoso. Y ahora me pregunto: ¿qué pasaría si los nobles de Tikal se enteran que el futuro Ahau cree en las visiones de una mujer? ¡Se reirían de él! Pero yo no he visto nada nuevo. Sólo la rueda de trece katunes que vuelve a girar. 265 años vuelven a empezar y Balankín quiere ser tan importante como el grande Cielo Tormentoso. El pasado es el presente… y tal vez nuestro futuro, puedo verlo porque puedo leerlo, nos depare un rey maya extraordinario, nacido precisamente en esta mágica fecha.

Balankín adoptará el nombre de Cielo Tormentoso y les dirá a los mayas de Tikal que se aproximan años de esplendor. Es cierto. No tengo la menor duda. Las profecías se repiten. Lástima que en este caso sea un éxito en camisa ajena.

Estamos en el Katún 8 y ocurrirán muchas cosas. Nuestros libros proféticos desaparecerán y los hombres por venir deberán adivinar, tal vez aprender a ver con los ojos de mi padre, o con los míos, cuál es el papel del hombre en el cosmos, nuestra condición humana, nuestros sueños de paraísos que son frágiles nubes de papel… Deberá girar la rueda de los 13 katunes, para que la historia se repita.

Lo que nadie pudo advertirme de momento es que me volvería el poder tras el poder, que el conocimiento dado al nuevo rey y el encargo realizado me comprometían a ser los ojos del nuevo monarca, el nuevo Ahau Cielo Tormentoso. Balankín no quería matarme. E intentó conservarme legítimamente cerca de él, por lo que no tuvo mejor que idea que intentar hacerme su tercera esposa.

—¡Jamás! Yo no nací para morir así: pariendo hijos y esperando la llegada de un guerrero.

Eso respondí, pero mi corazón era un espejo de obsidiana arrojado contra el piso. Amarte allá, en lo alto del palo de guayabas, puro; no como has llegado a ser: mentiroso como todos los que detentan el poder, basto, un sujeto que olvidó su promesa de darme lo que yo deseara.

—Permíteme crear un templo dedicado a la luna —le rogué. Y él accedió.

En su soberbia, pensó que yo quería compartir su trono y su lecho. A mí, que sólo deseaba un lugar tranquilo, donde ver las estrellas, escribir en los códices y calcular en el tablero la fecha de un próximo eclipse. Tal vez hasta jugar a predecir el final de la cuenta larga. A mí, a quien la mano del metate se le cayó cuando niña.

Por eso huí de Tikal, llevándome unos pocos códices. Por eso me establecí mucho más al norte de la gran ciudad. Huí, me disfracé. Me convertí en una falsa vidente que adivinaba el futuro por unas pocas monedas. Me escondí en lo profundo de la selva y seguí estudiando las estrellas y llevando la cuenta larga, los siete ciclos de cada día.

Fueron años largos. Tiempo de esconder lo que sabía. Entre las matas de cacao pasé días enteros siendo visitada por visiones que me llenaban de miedo. Veía hombres barbados, altos, de piel blanca. Veía arder nuestros libros, destruidas las imágenes que venerábamos. Veía a la selva del olvido cubrir la grandeza pasada de los mayas.

Pero no moriremos. A pesar de que estamos destinados a sufrir mucho y al silencio, la voz y la palabra de los mayas no se apagará como el fuego de las hogueras.

Son pocos los rayos de sol que penetran la umbría sofocante y al nivel del suelo no existe ningún movimiento de brisa. El sudor corre por mi cuero cabelludo y baja hasta mis talones en riachuelos enervantes; dentro de minutos tendré la ropa empapada, la cual cuelga a su gusto en esta crema viscosa.

Por todas se inhala un olor grosero. Aquí han muerto los árboles y los animales, que se pudren debajo de mis pies. Las serpientes acechan en las sombras, un centenar de insectos infesta la vegetación y entre las ramas caídas aparecen avalanchas de hormigas que están prontas a picar.

Me apoyo en lo que pareciera ser un árbol amistoso, para encontrar palmas de la escoba quirúrgicamente afiladas y espinas que quedan en mi mano.

Al crepúsculo, hordas de mosquitos aparecen y pretenden no irse jamás. Después de chamuscar a la noche sin aire, recordé verificar mis huaraches antes de ponerlos, porque suelen atraer a los alacranes.

¿Es esta mi casa? ¿Es éste el lugar de los mayas? El bosque tropical es un ambiente totalmente hostil.

En mi peregrinar cada vez más lejos y más al norte de Tikal fui recorriendo las ciudades. Viendo cómo nacían y morían. Cómo cada una de ellas creía ser la única. Caerían Copán, la de los grandes sabios murciélagos. Uxmal, tierra de adivinos. Chichén Itzá, donde los más valientes seguidores de la serpiente morirían. Arrojados hacia Tulum y luego el fin.

Hoy sé que un día no es cualquier día, en cada día hay nueve ciclos diferentes. Hoy sé que hay países: el de la mañana, el del atardecer. Todos los aprendí, en todos estuve, a todos visité.

No sé cuánto tiempo deambulé de ciudad en ciudad. Tal vez llegué hasta los confines del mundo. No lo sé. Pero nunca tuve miedo. Una fuerza desconocida me sostenía en mis horas de agotamiento. Cuando desfallecía, me bastaba con cerrar los ojos, para evocar el rostro de mi padre y el de mis maestros.

No siempre las visiones fueron agradables. Cuando llegué al que supe sería mi hogar definitivo —el lugar que luego sería conocido como Toniná— deposité mis cansados huesos en la casa más humilde del final de la ciudad. No pasó mucho tiempo antes de que la gente supiera quién era yo.

Ya no era la joven maya, de enjoyada sonrisa, de bizquera notable y gusto por ver el cielo de noche, aunque jamás podría pasar desapercibida.

Éste era mi destino y debía aceptarlo. Tal vez nuestro Gran Padre tenía reservado algo diferente para mí, no lo sé. Yo aceptaba sus designios. Pero afortunadamente allí terminó mi peregrinar. Toniná se convirtió en mi hogar.

Allí pasó el resto de mi vida, en el límite con la selva, en el límite del mundo maya. Me internaba en la espesura para ver y a veces para no ver.

El calor me daba sueño y cuando me sentaba bajo alguna ceiba vencida por el sopor, comenzaba a ver lo que otros no podían.

Con mis torcidos ojos, con mis cansados ojos, yo, Ha, tal vez una de las últimas profetas mayas, pude ver una fecha en la rueda de los katunes. Un momento en que el mundo va a detenerse y en el que todo volverá al principio. Una nueva cuenta larga. Una nueva era de amor y de paz. No más guerras, no más huir de casa, no más dolor.

Kukulkán regresará de las Tierras Lejanas. Lo sé, puedo verlo... Pero antes, en el último katún, el suelo que pisamos se moverá, cambiará su rumbo, y todo será diferente. Lo llamarán el fin del mundo.

Y entonces nosotros, los mayas, volveremos. Saldremos de la selva, caminaremos fuera de nuestras derruidas ciudades. Volveremos a ver las estrellas, a cantar, a escribir, a contar. Lo sé, lo veo.

Se acabará el mundo. Pero nosotros no moriremos. Que así quede escrito, en la piedra y la corteza del árbol. No importa quién muera o quién sobreviva. Yo soy la memoria... y la memoria no debe morir.

No fui abuela pero me convertí en maestra de otro joven profeta. Se parece a mi padre en sus años mozos. Pertenece a la tribu de los últimos itzáes, expulsados de su ciudad capital en las mismas fechas que Balankín, el nuevo Cielo Tormentoso, tomó el poder.

Sigue girando la rueda de los katunes. Tal vez, dentro de otros trece katunes, ya no quede nada de los mayas antiguos.

Aprendí mucho a lo largo de los años. Hoy, en el ocaso de mi vida, enseñé cuanto sé a otro maya, y creo que él lo hará a otro, o a otros. Que nuestra palabra no morirá.

Al final de mi vida, me persigue con insistencia la visión del fuego y el nombre de un hombre: Fray Diego de Landa.

Sólo sé que no es una criatura del inframundo, de las mismas que me asustaban al verlas talladas en la madera de los dinteles de Tikal, es un hombre, pero ¿qué clase de hombre?

Tengo la certeza que la fuerza de nuestra gloria pasada, de nuestra sabiduría convertirá a este demonio de fuego y sangre en un paciente reconstructor de lo que fuimos los mayas. Lo sé, puedo verlo. Puedo sentirlo. Y, a la vez, pasión tan humana, sólo se mata lo que se ama: nos llevará a padecer tortura, martirio y fuego.

Soy Ha, una mujer maya, en los días finales de mi vida. Y le cuento todo esto a otro maya para que no se pierda mi historia, la historia de la gloria de Tikal. La gloria de nuestra sabiduría.

Los pocos momentos en que estoy despierta vuelvo a ver el Mayab como fue en el comienzo del mundo: veo los animales, las plantas, los espíritus de la selva que llamamos aluxes. Pero cada día que pasa se hace más nítida la imagen de mi padre. Viene por mí. El sabio señor Kuk. Sonríe y me mira como sólo él sabía hacerlo. Sé que está orgulloso de mí. Mi tiempo presente llega a su fin. Eso es todo.

Palabras de un maya

El mundo ha dado vueltas, el ciclo de los katunes se repite. Una tormenta, años después, otra... Estoy en la ciudad de Toniná, en un lugar al que las generaciones futuras conocerán como Chiapas. Y ésta es la última fecha que tal vez sobreviva para nuestros registros. 10.4.0.0.0 que los blancos llamarán el año 909 después de Cristo. Soy el heredero de la profeta Ha.

Hoy hay una gran tormenta. Escribo su memoria para que se pueda ver cuántos años después va a haber otra...

Capítulo tres

Cuentos y cuentas mayas

En este capítulo vamos a tratar sobre la escritura maya y lo que hoy sabemos de sus escritos.

La escritura secreta de los mayas

1) Glifos

Los glifos fueron la forma de la escritura maya. Relatan historias y, por lo general, se encuentran acompañados de pinturas o son un complemento de las mismas. El paulatino desciframiento de los glifos mayas nos ha proporcionado datos valiosos acerca de quiénes los escribieron. Lo que parece un desorden de extrañas formas reunidas dentro de unos cuadrados, es la crónica de un gran pueblo. Crónica que describe victorias y derrotas, nacimientos y muertes, sacrificio y honor.

Los glifos se encuentran esculpidos en las pirámides y en las estelas (monolitos de piedra), pero también están labrados en dinteles de madera, pintados en murales y en la cerámica, trazados sobre jade (el equivalente maya del oro), en conchas y huesos, por lo general explicando o relatando pinturas.

Los glifos mayas –nombre emparentado con jeroglífico, que significa "letras sagradas", pues *hiero* es sinónimo de sacro– contienen la versión pictórica del chol y del yucateco, idiomas que hablaban los antiguos mayas.

Son el "mundo hecho visible", según dice el antropólogo Michael Coe en su libro *La clave de la escritura maya*.

Los pioneros del desciframiento

La labor de exploradores, sacerdotes y eruditos —que desde comienzos del siglo pasado han intentado leer los glifos mayas— fue el punto de partida de las investigaciones que tienen lugar desde hace treinta y cinco años.

Los mayas no sólo escribieron en monumentos, sino también en códices (libros hechos de corteza de árbol). Según las crónicas de su tiempo, esos libros contenían historias, profecías, canciones, ciencia y genealogías.

Es trágico que la mayoría de estos códices hayan acabado destruidos cuando los españoles convirtieron a los mayas al cristianismo, tras completar la invasión de la península de Yucatán a mediados del siglo XVI.

Fray Diego de Landa fue, por un lado, el causante de la quema de centenares de códices y, por otro, quien nos ha proporcionado el cuadro más completo de la vida de los mayas en el siglo XVI: su obra *Relación de las cosas de Yucatán* contiene, entre varios asuntos, un acervo de claves de desciframiento y una transcripción del alfabeto maya. A partir de esta obra, ahora sabemos que la lengua maya no se basa en sonidos sueltos, sino que es silábica.

Estos signos o glifos no son ni letras ni palabras enteras, sino sílabas en maya para las letras de nuestro alfabeto. Pero el logro definitivo para entender los glifos como narración histórica se le debe a Tatiana Prouskouriakoff. En 1960 sostuvo que las fechas incluidas en ciertas estelas de Piedras Negras, Guatemala, contenían información sobre nacimientos, matrimonios, arribos al trono, guerras y muertes de los soberanos mayas.

En otras palabras, estamos frente a la Tabla Silábica Maya, y lo que se procura actualmente es hallar el total de los signos empleados y su pronunciación, para entonces descifrar o traducir cualquier escrito maya.

Las historias en los glifos

Los glifos mayas fueron escritos por disposición de la elite, en especial los reyes, cuyas vidas y acciones generalmente remarcan la importancia del soberano, de la guerra y de los ritos de iniciación.

En Tikal abundan los monumentos esmeradamente esculpidos donde se relata el desarrollo de la ciudad (que tendría unos noventa mil habitantes en su época de esplendor). Según los glifos, la crónica de Tikal comienza hacia el 300, tiempo en que la urbe disponía de espaciosas plazas y una impresionante acrópolis. Merced a secuencias de glifos como éstos hemos podido saber que la guerra era muy importante para los antiguos mayas.

En Palenque, unos cuantos siglos después, se desarrolló otra insigne gesta dinástica. A lo largo de más de trescientos cincuenta años, a partir del año 431, los descendientes del señor Jaguar-Quetzal (o Bahlum-Kuk) erigieron lo que tal vez sea la más bella de las ciudades mayas. De particular mención es el magnífico Templo de las Inscripciones, del siglo VII, construido durante el reinado de Pakal.

Gracias a los grandes avances que durante los últimos veinticinco años se lograron en el desciframiento de los glifos, sabemos que a Pakal lo preocupaba el asunto de su legitimidad. A diferencia de otras tradiciones, Pakal había heredado el reino de su madre. Para legitimarse, ideó una perspicaz doctrina sucesoria, basada no en la costumbre patrilineal aceptada, sino en creencias mitológicas. Muchas de las supuestas vinculaciones "mágicas" de Pakal (un astronauta para Von Daniken, una deidad según Cotrell, un atlante, etc.) podrían quedar reducidas a un mero complejo freudiano. Cuando en el año 674 Pakal comenzó la construcción del gran Templo de las Inscripciones –que sería su mausoleo– en la parte posterior del edificio colocó enormes lápidas exponiendo la historia dinástica de la ciudad. Allí se narraba que una mujer (la madre de Pakal) había gobernado inmediatamente antes de él. El glifo con que se nombra a esta mujer era el tradicionalmente utilizado para referirse a la Primera Madre (quien llevaba el nombre de Señora Bestia), personaje que, según los mayas, engendró al mundo. Equiparando a su madre con la Primera Madre de los dioses, Pakal reclamaba para aquélla un linaje más prominente que el de su propio padre; en consecuencia, el derecho al trono quedaba vinculado con la poderosa imagen de Señora Bestia. Más adelante, en su sarcófago Pakal grabó a quienes lo antecedieron. En este grupo están representadas dos veces –para recalcar su importancia– su madre y su bisabulela, que también gobernaron Palenque.

También en Copán, en las gigantescas construcciones pétreas de las selvas del oeste de Honduras, están inscritos los cambios dinásticos. Desde el 428 después de Cristo, los descendientes de Yax-K'uk-Mo gobernaron el inmenso valle copaneco durante cuatrocientos años y han dejado más de tres mil quinientas obras que se centran en lo que los arqueólogos denominan Grupo Principal o centro ceremonial de la vieja ciudad.

Lectura de los glifos mayas

A pesar de que aún falta mucho por descifrar de la escritura maya –se le conocen unos setecientos signos– han salido a la luz importantes datos sobre acontecimientos, dinastías y batallas de los pueblos del mundo maya. Estos datos nos permiten comprender mejor el modo de vida y el pensamiento de una de las grandes civilizaciones de la historia.

Al igual que el texto que está usted leyendo, el lenguaje escrito de los mayas (hecho de glifos) poseía reglas gramaticales y estructura sintáctica. Desentrañar esas reglas y estructura ha significado un gran avance en el desciframiento de los glifos, pues hoy se sabe que éstos tienen verbos, sujetos y complementos, además de consonantes y vocales. Poco a poco, los epigrafistas han comprobado que los glifos siguen ciertas rutinas.

Principales sistemas de descifrado

El maya del *Diccionario de Motul* es diferente al idioma que hablan los aborígenes peninsulares de hoy. Si hay considerable diferencia entre el diccionario nombrado, escrito a fines del siglo XVI y el yucateco moderno, con mucha razón la debe haber entre el de Motul y el idioma de los códices.

Hay varias fuentes históricas que nos informan de la existencia de un lenguaje misterioso o sagrado llamado Zuyua, que era hablado por determinado grupo social en Mesoamérica.

Es obvio que mientras más antiguos sean los registros escritos o hablados de las lenguas mayas que se estudian, estaremos más cerca de las fuentes lingüísticas de los códices.

A pesar de todas las imperfecciones, interpretaciones falsas u omisiones, algunos consideran hasta el presente momento que el llamado Alfabeto de Landa es la piedra de Rosseta para el desciframiento de los jeroglíficos, además en su famosa obra este cronista da un material precioso, que estudiado a fondo ilumina la densa oscuridad que envolvía los signos hieráticos.

El estudio de los textos mayas ha tenido que enfrentarse a obstáculos como el de que casi toda palabra tenga varios significados; el de que los diccionarios no traigan todas las formas léxicas que aparecen en los textos... el de que ciertas frases, a la fuerza de rebuscamientos para esconder el pensamiento original al intruso de ocasión, estén asentadas en forma anómala y que desconcierta al lingüista.

En la ciudad de Juiz de Fora, Brasil, hay un equipo de estudiosos de las ciencias antropológicas que se dedica al estudio e interpretación de la escritura hierática de los mayas. El equipo lo jefatura el profesor Franz J. Hochleitner, nacido en Austria pero naturalizado brasileño.

El grupo de mayistas brasileños viene a sumarse a los que trabajan en Alemania, Rusia, Estados Unidos, Inglaterra, etc., en los trabajos de descifre de la escritura jeroglífica maya.

Hace varios años fue presentado el Método de Desciframiento por Roberto Escalante, investigador del Instituto Nacional de Antropología e Historia. La tesis de Escalante y de su colaboradora Lorraine Deville se fundamenta principalmente en la lingüística y sigue las huellas de Michael Ventris, quien trabajó en el descifre de la escritura cretense principalmente. Para ellos, la estructura que se encuentre en el sistema de escritura debe coincidir o corresponder a una estructura lingüística.

El sistema lingüístico para descifre preconizado por Ventris y Escalante concuerda con el llamado Sistema de Mérida aplicado a los jeroglíficos mayas, cuyo iniciador principal fue el desaparecido Wolfang Cordan, investigador alemán que vivió mucho tiempo en tierras yucatecas.

En las últimas décadas numerosos investigadores, utilizando métodos inductivos, deductivos y estadísticos, entre otros, han efectuado con éxito trabajos de descifre. En lo que a glifos mayas se refiere, destacan entre los principales J. Eric S. Thompson y Yuri Hnorosov que polarizan hacia sus trabajos fuertes corrientes de los estudiosos interesados en la materia. Ambos tienen puntos de contacto, ya que el primero enfatiza la interpretación ideográfica, sin desconocer la lectura silábica o morfémica, y el segundo valoriza en mayor grado la lectura fonética sin desechar la ideográfica.

2) Los enigmáticos códices

Los libros mayas fueron confeccionados en una única hoja de papel que se doblaba como un biombo. El papel fue hecho con una fibra vegetal cubierta por una fina capa de cal y llevó por nombre *amate*. El contenido de esos libros es de naturaleza calendárica y ritual, sirviendo para las adivinaciones.

Uno de los cronistas que vivió entonces, el obispo Diego de Landa, refiere que los libros mayas que utilizaban les permitía saber lo que había sucedido hacía muchos años, lo que permite inferir que fueron registros.

Por lo tanto, la escrita representó un elemento importante en la preservación de sus tradiciones culturales. Pero, en forma desventurada, la mayor parte de estos códices fueron destruidos como se puede constatar en la afirmación del propio obispo:

"Encontramos un gran número de libros escritos en esos caracteres, y como nada tuviesen a no ser flagrantes supersticiones y mentiras del demonio, nosotros los quemamos a todos, lo cual a maravilla sentían y les daba pena."

Valiéndose de ideogramas, los mayas elaboraron una cantidad incalculable de libros o códices. Como decíamos, sólo tres han llegado hasta nosotros y podemos decir que su historia conocida comenzó por rescatarlos de un acto de barbarie, prosigue en circunstancias azarosas, incluye el esfuerzo por descifrarlos y que aún no termina.

La temática de un libro maya podía estar vinculada con la religión, la astronomía, los ciclos agrícolas, la historia o las profecías. Pero en todos los casos, tanto el contenido como la elaboración del códice y el valor de éste por sí mismo, estaban relacionados con el mundo superior.

Puesto que para escribir era necesario hallarse en contacto con los dioses, los productos de esa escritura debían ser considerados como objetos sacros y conservados en habitaciones específicas dentro de los templos y de los principales edificios civiles.

Durante las fiestas y ceremonias especiales, los códices se leían en público, después de someterlos a ritos purificatorios y de renovación. La lectura la realizaban varios sacerdotes, cada uno de acuerdo con su especialidad, por lo que es posible que los ideogramas hayan tenido no una, sino varias interpretaciones.

¿Cómo es un códice?

Igual que para nuestros libros, la materia prima para elaborar los códices era el papel. Los mayas lo llamaban kopó —ahora conocido como papel amate— y lo hacían con la corteza del árbol ficus; y aunque también solían usar piel de venado, tela de algodón y papel de maguey, aparentemente ningún material fue más usado que el kopó.

El proceso de fabricación del amate, tanto en el mundo maya como en las demás regiones indígenas, era básicamente el mismo. A las ramas se les arrancaba la corteza, de cuyo interior eran obtenidas capas de suave fibra.

Con ésta se producía una pasta, reiteradamente aplanada hasta convertirla en hoja, puesta a secar al sol. El resultado eran largas tiras de papel de entre 15 y 25 cm de ancho, que se doblaban a manera de biombo en porciones iguales y que formaban las páginas del códice. Las páginas se cubrían con una capa de almidón y, finalmente, con una preparación blanca de carbonato de calcio.

A cada página se le pintaban un grueso marco de color rojo y algunas líneas horizontales y verticales; entonces, quedaba dividida en varios cuadros, dentro de los cuales se dibujaría un ideograma diferente aunque relacionado con los demás. Los temas tratados podían ocupar una o varias páginas.

Consultando en el tzolkín (calendario maya de 260 días), el sacerdote reconocía ciertas fechas que eran significativas para cada hombre, cada periodo y cada momento y podría realizar las adivinaciones. Cada uno de los días contenía diversas cargas de energía, que se manifestaban de manera distinta según el individuo o la comunidad que consultasen el códice; esas cargas, además, cambiaban de acuerdo con el momento. Por eso, en los códices mayas que hoy conocemos la unidad adivinatoria es el almanaque, que se puede referir a predicciones sobre hechos cotidianos, astronómicos y ciclos de veinte años.

Destrucción y salvación de los códices

Los conquistadores españoles llegaron a la península de Yucatán a mediados del siglo XVI, cuando los más importantes centros ceremoniales mayas estaban ya abandonados y el esplendor de la antigua civilización había llegado a su fin. Pero más allá de tal decadencia, las comunidades indígenas conservaban organización social, idiomas, tradiciones y religión. También seguían elaborando y leyendo códices.

Los ideogramas de esos documentos provocaron tanto curiosidad como temor entre los misioneros europeos que trajeron el catolicismo.

Movidos por la curiosidad, se dieron a la tarea de recopilar todos los códices que hallaban y a descifrarlos mediante la ayuda de intérpretes; impulsados por el temor, emprendieron la sistemática quema de estos documentos.

Uno de los artífices de esa obra destructora fue el obispo de Yucatán, fray Diego de Landa (1524-1579). Es incalculable la cantidad de códices que mandó a la hoguera, pues los vio como productos diabólicos.

Para salvar cuantos códices fuera posible, los mayas enterraron algunos y otros los escondieron en cuevas; así, varios manuscritos fueron salvados de la destrucción, al menos durante un tiempo.

Años después, cuando los mayas de Yucatán ya conocían el alfabeto español, copiaron algunos de esos códices que tenían escondidos, manteniendo en la transcripción la lengua maya original pero empleando la escritura hispana.

Con el uso del alfabeto surgió lo que hoy se denomina literatura maya.

Uno de sus ejemplos más representativos son antiguos documentos transcritos, cuyos originales jamás se han encontrado. Los más importantes provienen del norte de Yucatán y se conocen con el nombre de *Libros del Chilam Balam*, lo cual puede traducirse como *Libros del adivino de las cosas ocultas*. Se trata de fragmentos de una docena de manuscritos que datan de los siglos XVI y XVII y que fueron realizados en diferentes pueblos de la zona: Maní, Tizimín, Chumayel, Kaua, Ixil y Tusik, entre otros.

Contienen sobre todo crónicas indígenas que registran diversos acontecimientos de la historia maya. Referencias fundamentales, si se toma en cuenta que ninguno de los códices mayas precolombinos que se conocen trata de historia propiamente dicha.

Con el tiempo, fueron encontrándose varios documentos originales pero la humedad del subsuelo, tanto en la zona calcárea de la península de Yucatán como en el área selvática del resto del mundo maya, no ayudó a su conservación: hoy, la mayoría son apenas trozos cuyos ideogramas están totalmente borrados.

Tres códices, sin embargo, sobrevivieron casi completos al fuego y al agua gracias a que, por vías aún desconocidas, en algún momento llegaron al continente europeo. Allí permanecieron olvidados durante doscientos cincuenta años; luego, debido a circunstancias muchas veces azarosas, irían saliendo a la luz en Dresde (Alemania), París (Francia) y Madrid (España).

Códice Dresde

Es el primero del que se tuvo noticia, y está considerado como el más importante, el más bello y el de mejor factura de los tres. En 1739, el director de la Biblioteca Real de Dresde lo adquirió de manos de un particular en Viena, Austria. Se desconocen tanto la fecha como el modo en que el códice llegó a Viena, pero puede suponerse que fue enviado al rey español durante la conquista de América (primera mitad del siglo XVI), época en que España y Austria tenían el mismo soberano.

Una vez que salió de Viena, el documento pasó a formar parte del acervo de la Biblioteca de Dresde, aunque aparentemente no fue estudiado ni analizado durante setenta años.

Alexander von Humboldt lo dio a conocer en 1810, cuando publicó su obra *Vues des cordilléres et monuments des peuples indigènes de l'Amérique* y reprodujo en ella las páginas 47 a 52 del códice. El documento fue sometido a diversos estudios para identificar su origen; finalmente, se concluyó que era maya.

Durante la segunda guerra mundial, Dresde fue severamente bombardeada y su biblioteca sufrió serios daños. Doce páginas del códice resultaron muy deterioradas, probablemente debido al agua, perdiéndose toda la información de la esquina superior izquierda. Aun así, muestra un bello estilo en sus pinturas.

Y es "fiel representante del preciosismo y la elegancia de los viejos mayas", según Salvador Toscano (1912-1949), historiador, arqueólogo y crítico de arte mexicano.

El códice Dresde, escrito en papel kopó, es un documento con forma de biombo, dividido en treinta y nueve hojas de 9 cm de ancho por 20.4 de alto, pintadas en ambos lados, con excepción de cuatro, que tienen blanco el anverso. Extendido, el documento mide 3.50 m de largo y tiene setenta y cuatro páginas; ciertamente, fueron pintadas con extraordinario cuidado y nitidez. Para escribirlo se utilizaron un pincel muy fino, así como los colores rojo, negro y el denominado azul maya.

Debido a los diferentes estilos de su escritura se sabe que fue realizado por ocho personas; y en razón de su temática y del tipo de ideogramas que contiene, se supone que es originario de Chichén Itzá, la extraordinaria ciudad situada en el norte de la península de Yucatán.

La fecha aproximada en que fue realizado este códice se sitúa entre los años 1000 y 1200, y posiblemente aún estaba en uso entre los mayas cuando llegaron los conquistadores españoles.

El Dresde trata básicamente de astronomía: almanaques y cuentas de días de culto y adivinación; materiales astronómicos y astrológicos en dos tablas: la de los eclipses y la de Venus; y profecías para un periodo de veinte años. Contiene referencias al tiempo, a la agricultura y a los días propicios para las artes adivinatorias, así como textos sobre enfermedad y medicina; aparentemente, incluye asimismo datos acerca de la conjunción de varias constelaciones y de varios planetas con la Luna. Tiene también una página sobre alguna inundación o diluvio, que puede ser reseña o profecía, o simplemente referirse al retorno cíclico de la temporada de lluvias, tan benéfica para los mayas.

Códice París

Fue hallado por el estudioso francés Léon de Rosny en 1859, dentro de un basurero de la Biblioteca Imperial de París. El códice apareció envuelto con un papel donde había dos palabras: la española *Peres* y la náhuatl *Tzeltal*. Por el número de clasificación que contenía se dedujo que pertenecía a dicha biblioteca desde 1832, o quizás desde antes.

Tras haberlo rescatado del basurero, Rosny identificó al códice como manuscrito jeroglífico maya y le impuso el nombre de Peresiano. Este manuscrito —sólo una parte del original—, se halla en peor estado que los otros dos. Su calidad artística es igualmente inferior.

Se trata de un documento en forma de biombo, escrito en papel kopó, que desplegado mide un metro 45 cm de largo. Doblado tiene once hojas de 24 x 13 cm (ancho y alto) pintadas por ambos lados. En dos de ellas los motivos desaparecieron totalmente y en el resto se han perdido los jeroglíficos de los cuatro extremos de la página, por lo que sólo subsiste la porción central de cada una.

El códice Peresiano (o París) se refiere básicamente a cuestiones rituales. Una de sus caras está dedicada por entero a la sucesión de los katunes (periodos de veinte años) comprendidos entre los años 1224 y 1441, con sus correspondientes deidades y ceremonias. En cada página hay la representación de un katún, y el texto jeroglífico que lo rodea se relaciona con ritos y profecías. El reverso está formado por almanaques adivinatorios, ceremonias de año nuevo y un probable zodiaco con divisiones de 364 días.

Muchas son las dudas con respecto al origen de este códice y al periodo en que fue escrito. Tentativamente, se lo ubica en el área de Palenque, México, y se lo considera posterior al Dresde, estimándose que data del siglo XIII.

Códice Madrid

Al abate francés Brasseur de Bourbourg (1814-1874), gran americanista, se debe el descubrimiento de una parte del tercer códice maya. El documento apareció en España alrededor de 1860 en poder de Juan de Tro y Ortolano, quien permitió al abate estudiar el manuscrito y, más tarde, publicarlo. De los resultados de dichos estudios el abate pudo concluir que el documento era de origen maya, y en agradecimiento a la colaboración de Tro y Ortolano, bautizó al códice como Troano.

Unos años más tarde, el español Juan Palacios ofreció en venta a dos instituciones culturales lo que se suponía era un cuarto códice maya. Sin embargo, ni el Museo Británico de Londres ni la Biblioteca Imperial de París mostraron interés en el documento. Con el tiempo pasó a manos de otro particular, José Ignacio Miró, y en 1875 fue adquirido por el Museo Arqueológico de Madrid. Por relacionárselo de alguna manera con Hernán Cortés, este códice recibió el nombre de Cortesiano.

En realidad no era un manuscrito nuevo, sino una parte del Códice Troano. Esto salió a la luz en 1880, cuando Léon de Rosny tuvo la oportunidad de examinarlo. Unificó entonces el contenido de ambos documentos y les dio el nombre de Códice Tro-Cortesiano. En 1888 el hijo de Tro y Ortolano vendió su parte al Museo Arqueológico de Madrid; a partir de ese año, ambas partes permanecen juntas y se denominan Madrid.

El documento, que mide 6.70 m, es el más largo de los manuscritos mayas conocidos. Sus cincuenta y seis hojas están dobladas en forma de biombo, lo que hace una pieza con ciento doce páginas, de 12 cm de ancho x 24 de alto. Es también el códice mejor conservado.

Se trata de un texto de adivinación, que ayudaba a los sacerdotes a predecir la suerte. Tiene once secciones: la primera incluye ritos dedicados a los dioses Kukulcán e Itzamná; la segunda se refiere a las influencias malignas sobre los cultivos, y a los ritos y ofrendas que deben realizarse para regularizar las lluvias; la tercera sección está dedicada a un periodo de 52 años rituales. Las ocho partes restantes aluden, entre otros temas, a la cacería y las trampas, los calendarios, la muerte y la purificación.

Tentativamente, el origen del códice Madrid se sitúa en la parte occidental de la península de Yucatán. Su fecha aproximada de factura puede hallarse entre los siglos XIII y XV, por lo cual resultaría contemporáneo del Códice París.

Los escribas pintores

Escribir un códice era entre los mayas un acto ritual que sólo podían llevar a cabo personas muy especializadas. Éstas recibían los títulos de *ah ts'ib* y *ah woh*, términos cuyo significado es, en castellano, escribas y pintores, respectivamente.

No cualquiera podía ser merecedor de alguno de estos títulos. Condición fundamental era poseer una cualidad básica: talento para la pintura o el dibujo. Cuando los sacerdotes –una de las clases dominantes maya– descubrían entre los jóvenes a alguno que contara con dicha capacidad, lo seleccionaban a fin de destinarlo al oficio de escriba.

Daba inicio entonces su preparación, que tenía como punto de partida la transmisión de conocimientos profundos sobre la lengua maya y la cultura general de la época. Más tarde se lo especializaba en algún tema específico: historia, astronomía, medicina, etcétera. Después de un arduo aprendizaje de varios años, el escriba dibujante estaba en condiciones de pertenecer a una clase superior, poseedora de grandes conocimientos. Entonces, y de acuerdo con la especialidad adquirida, el escriba pasaba a residir en alguno de los centros religiosos, económicos o civiles que requerían de sus servicios: templos, tribunales, palacios, mercados, entre otros.

Desde ese momento, el escriba tendría que dedicarse por tiempo completo a sus actividades. En forma anónima realizaba los códices, siendo el suyo un oficio cuya producción se destinaba al patrimonio de la colectividad.

Es de suponerse que escribir un códice requería varios días. Cada figura se delineaba con tinta negra, fabricada a base de carbón. Para ese trazo inicial, se usaban como instrumentos espinas de maguey o astillas de huesos de pequeños animales, sobre todo aves.

Posteriormente se coloreaba el interior de la figura con un pincel más grueso, de pelo de animal. Darle color a las imágenes no tenía propósitos decorativos; por el contrario, tonos y matices eran totalmente simbólicos, ya que los mayas le conferían a cada color un significado especial, relacionado con diversas deidades, naturaleza y cosmos.

Una vez concluida la elaboración de un códice (*pik hu'un,* en maya), éste se guardaba en habitaciones especiales dentro de los mismos edificios civiles o religiosos. De allí saldría sólo en determinadas ocasiones, cuando se requiriera estudiar, interpretar o transmitir su contenido.

3) La creación del hombre

Según una leyenda mesoamericana, reproducida en el *Popol Vuh*, la humanidad fue destruida por diluvios, huracanes, conflagraciones y sequías y procreada de nuevo en cuatro épocas diversas a las cuales los intérpretes del Códice Vaticano —donde está consignada la leyenda— llamaron sol de agua, sol de aire, sol de fuego y sol de tierra, fundados en los siguientes nombres aztecas con que están anotadas: Atonatiuh, de *atl*, agua y *Tonatiuh*, sol; Ehecatonatiuh, de *ehécatl*, aire; Tletonatiuh, de *tlétl*, fuego; Tletonatiuh, de *tlati*, tierra.

He aquí la leyenda de los cuatro soles sintetizada sin las superabundantes ornamentaciones narrativas de los cronistas españoles interpretadores de los códices de los antiguos mexicanos.

El sol de agua

Ignórase el tiempo transcurrido desde que fue creado el mundo, cuando los dioses, en pugna con los hombres, ordenaron a Chalchiuhtlicue, diosa del agua, que los destruyera.

La diosa, tocada con una diadema azul empenachada de plumas verdes, zarcillos de turquesas, collar de piedras preciosas con pendiente de oro, y cubierto su cuerpo gallardo y bello con el *huipil* y el *cueiti* azules, descendió agitando en la diestra un estandarte con los signos de relámpagos y lluvias, y lo clavó en una montaña que se cubrió al instante de nubes espesas. Descendió a la llanura y entrando en una choza donde vivían honestamente un hombre y su esposa, les dijo que de aquella montaña bajaría tanta agua, que inundaría la tierra; que derribaran prestamente un ahuehuete de tronco hueco y se metieran dentro de la oquedad, llevando consigo el fuego el cual cuidarían para que no se apagase, y que comieran una mazorca de maíz al día para que su provisión no se agotara.

Ante la admiración de los esposos ascendió a la montaña, en cuya cumbre tendió el estandarte hacia los puntos cardinales, y al instante relampagueó el cielo, tronó el rayo y las nubes se deshicieron en aguaceros torrenciales. Las gentes trepaban los árboles y las colinas, inútilmente, porque el agua vertiginosa invadió las planicies arrollando y destruyendo todo. Los hombres imploraban piedad de los dioses, que, inflexibles y airados, solamente cedieron cuando finalmente los mortales pidieron ser transformados en peces.

Entonces se echaban al agua y quedaban convertidos en peces que nadaban espantados en indescriptible confusión. Solamente en la superficie de aquel mar encrespado flotaba el tronco hueco del ahuehuete salvador, donde la pareja privilegiada cuidaba que no se extinguiese el fuego sagrado. Por fin las aguas descendieron, la tierra se secó y los dos supervivientes volvieron a su lar y transportaron reverentemente el fuego reconfortante que debía dar calor a la nueva humanidad.

El sol de aire

Multiplicáronse los hombres, pero habiendo exacerbado de nuevo la cólera de los dioses, éstos decidieron en una asamblea destruirlos de nuevo y designaron a Quetzalcóatl, dios del aire, para hacer cumplir su decisión. Este dios, que aunque era blanco, llevaba el rostro y el cuerpo pintados de negro, ostentaba en la cabeza una mitra de piel de tigre empenachada de plumas de quetzal, orejeras de turquesas y collar de caracolillos engarzados en oro, en su espalda un manto de plumas color de fuego, en la diestra un cayado y en la siniestra un escudo con el joyel del viento. Se lanzó al éter después de un signo de asentimiento, y una serpiente emplumada flotaba como una cauda detrás del dios. Aterrizó frente a una cabaña donde moraban felices un hombre y su mujer, y penetrando, puesto que era el viento, por entre los intersticios de la choza de cañas, les dijo en una voz dulcísima que oyeron ellos encantados, que tomaran el fuego del hogar, dejaran su morada y se ocultaran en la primera gruta que hallaran en la montaña vecina.

Advirtiéndoles que si escuchaban su voz como un aura celestial, pronto lo escucharían aullar del septentrión y el austro, como furioso huracán, y súbito remolineando se elevó a las nubes y desencadenó a los cuatro vientos cardinales, que a su mandato de soplar con todas sus fuerzas sobre el mundo, abrieron sus fauces, y enardecidos se transformaron en trombas y ciclones que desarraigaban árboles, barrían caseríos, destruían sementeras, arrasaban todo, y los hombres hambrientos, ateridos, enloquecidos de espanto, imploraban en vano a los dioses pidiéndoles que al menos los dejasen vivir como animales.

Oyeron los soberbios dioses la súplica y los transformaron en monos, que corrían a refugiarse en las grietas y las barrancas de la furia de los vientos desencadenados. Solamente la pareja elegida defendía en la gruta el fuego sagrado, y una vez calmada la rabia de los huracanes, volvía a reconstruir la choza deshecha y reinstalaba el fuego para rescaldar sus helados cuerpos y volver a la tarea de la perpetuación de la especie humana para repoblar la tierra devastada.

El sol de fuego

Volvió la tierra a poblarse y volvieron los dioses a dictaminar desde una montaña la destrucción de los hombres por sus pecados. En esta vez decidieron que fuese Xiuhtecuhtli, dios del fuego, quien se encargara de exterminarlos, y le encomendaron inexorables la terrible misión.

Xiuhtecuhtli, el dios amarillo, tenía un aspecto siniestro. Iba desnudo, en la cabeza portaba una diadema de fibra de agave y un penacho de plumas que semejaban llamas y en los pies sartas de cascabeles. En el brazo llevaba un escudo decorado con jades y turquesas, el cual dejó, y ciñéndose a las espaldas un plumaje amarillo en el que brillaban los signos, de los relámpagos y los rayos, desapareció cual si la tierra se lo hubiese tragado.

Entre tanto, en una choza del valle, dos recién casados conversaban plácidamente al calor del hogar, cuando notaron que el fuego crepitaba y que de una caña hueca que ardía con llama azul salía una voz que les prevenía de una próxima catástrofe y les aconsejaba que cogiesen el fuego del hogar y buscasen una gruta cercana donde se salvaran con el fuego sagrado. Oyeron ruidos subterráneos, y aterrorizados cogieron el bracero, maíz y frijol, y salieron presurosos a buscar el refugio seguro en la gruta.

Súbitamente la tierra sacudida cubrióse de grietas y de ardientes cráteres, que vomitaban ríos hirvientes de lava. Erupciones incesantes arrojaban por los aires piedras y cenizas candentes, y un resplandor iluminaba a los hombres desventurados que entre la atmósfera envenenada de gases sofocantes, azotados por pedruscos y hundidos en las capas de cenizas tórridas imploraban en vano a los dioses, hasta que habiéndoles pedido que los transformaran en pájaros, fue escuchado su ruego y de súbito escaparon por el aire abrasado lanzando agudos chillidos, huyendo de la muerte.

Y allá, en la gruta protectora donde no llegó ni una trepidación, la pareja escogida esperaba tranquila que pasara el terremoto y la conflagración, para volver con el fuego sagrado a reanudar la misión de continuar la vida humana.

El sol de tierra

La humanidad se propagó y nuevamente desagradó a los dioses la maldad de los hombres, y aunque la raza humana se perfeccionase en cada renovación, los inflexibles dioses la deseaban mejor, y así por cuarta vez decidieron castigar a los hombres honrados, y para este fin designaron a Chicomecóatl, diosa de la tierra, para que cumpliera lo mandado.

La diosa, que era joven y bella, iba vestida de rojo desde la mitra que portaba en la cabeza hasta los catles bordados. Llevaba pendientes de oro en las orejas y un collar de mazorquitas también de oro, y en la diestra empuñaba como atributo un haz de mazorcas de oro. Asintió sonriente, y meditando un plan destructor resolvió emplear la esterilidad y el hambre para aniquilarlos, y se escondió en una gruta, al mismo tiempo que los dioses del aire, el agua y el fuego se escondían también, por lo cual se marchitaron las milpas, secáronse las fuentes, huyeron las nubes, cayeron terribles heladas, y los hombres, miserables y hambrientos, en vano imploraban piedad a los dioses.

Chicomecóatl, que veía perecer todo lo que era obra suya, sentía piedad por los hombres buenos que también eran castigados, y pidió a los dioses que les enviasen un hálito de viento, un poco de lluvia y una onda de calor. Pero para los malos no había piedad, y como desesperados pidieran ser mejor devorados por tigres, las bestias feroces bajaron de los montes y despedazaron a los hombres malos comiéndoselos, purgando de ellos la tierra.

La diosa entonces abandonó la gruta, y al ver a los supervivientes humanos agonizar de hambre y de sed en un páramo, usó de sus transformaciones en Chalchiuhicíhuatl, la diosa de la fertilidad; Xochiquetzal, la diosa de los prados floridos; Centeotl, la diosa del maíz, y llamando a los dioses del aire, del agua y del fuego, les dijo: "¡Soplad, lloved y calentad!", y a tan bienhechoras palabras, las lluvias bajaron a la tierra sedienta, las raíces y las simientes guardadas en su seno resucitaron y reverdecieron valles y colinas, y los mantenimientos vinieron pronto con las aves que trajo el aire, con los maizales que se poblaban pronto de espigas y de elotes, y con la pesca de los ríos henchidos de aguas. Surgió así la tierra de Aztlán purificada y rejuvenecida para no despoblarse más.

4) El *Popol Vuh*

Podemos leer en el *Popol Vuh*:

Este es el primer relato de cuando todo se hallaba inmóvil, suspenso. Este es el primer discurso de cuando aún no había hombres ni animales ni árboles ni piedras. Esta es la narración de cómo todo en los principios estaba en calma y silencio.

Nada había ni junto ni cerca que hiciera ruido ni objeto alguno que se agitara. Nada había que estuviera en pie. Sólo la mar serena se mantenía en reposo, tranquila y apacible, pues la faz de la tierra aún no se manifestaba. Nada había dotado de existencia.

Mas, en el centro de tanta inmovilidad y oscuridades silenciosas, en la noche eterna del inicio, moraban los CREADORES, los FORMADO-RES, los PROGENITORES, rodeados de aguas claras y transparentes, vestidos de plumajes verdes y azules, llenos de energía y pensamientos. Y ellos hicieron la palabra. Y en la oquedad del Cosmos hablaron, meditaron y se pusieron de acuerdo para crear al hombre cuando la luz llegara.

De esta manera, en la oscuridad de las tinieblas nocturnas del origen, dispusieron la creación y crecimiento de los seres:

—¡Hágase así! ¡Que se llene el vacío! ¡Que esta agua inmensa se retire y desocupe el espacio para que surja la tierra! ¡Que aclare! ¡Que amanezca! ¡Que broten los árboles y los bejucos!

Y diciendo esto los PROGENITORES, como la neblina, como la nube, como la polvareda, nacieron las montañas y al instante crecieron. Y por prodigio, por mágicos encantamientos, se hicieron los valles y las cumbres y aparecieron juntos los cipresales y los pinares en las superficies.

Y los CREADORES se llenaron de alegría.

Luego dividieron las corrientes de agua. Los arroyos se fueron jugueteando libremente entre los cerros y la mar quedó dividida al aparecer las altas cimas.

Enseguida hicieron a los animales pequeños del monte, a los guardianes de los bosques, a los genios de las montañas, a los venados, a los pájaros, a los tigres, a las serpientes, a los lagartos. Y dijeron los PROGENITORES:

—¿Solamente habrá silencio bajo los árboles? Hablen, griten, gorjeen, digan nuestros nombres, alábennos, ensalcen a sus creadores, invóquennos, adórennos...

Mas no se pudo conseguir que aquellas criaturas hablaran. Sólo chillaban, cacareaban y graznaban. Y sin lenguaje que los engrandeciera, cada uno gritaba de manera diferente.

Cuando los PROGENITORES vieron que no era posible hacerlos hablar, se dijeron muy decepcionados:

—Esto no estuvo bien. No han podido decir nuestros nombres, el de sus creadores y formadores. Y dirigiéndose a todos los seres hechos, continuaron: ¡Serán cambiados! ¡Acepten su destino! Como no son cual nosotros queríamos, el alimento para ustedes, su habitación, sus nidos, serán los barrancos y los bosques. Y sus carnes serán trituradas, inmoladas, para servir de comida sobre la faz de la tierra.

Así pues, los CREADORES, los FORMADORES, los PROGENITORES, ante el fracaso, tuvieron que pensar en hacer una nueva tentativa para crear al ser que los adorara.

—¡A probar otra vez! Ya se acerca el amanecer y la aurora. Hagamos al que nos sustentará y alimentará. Mas, ¿cómo haremos para ser invocados, para ser recordados sobre la tierra? Ya hemos probado con nuestras primeras obras, con nuestras primeras criaturas, pero no hemos podido lograr que nos alaben y nos veneren. Probemos hacer unos seres obedientes, respetuosos, que engrandezcan nuestra labor. Mas, ¿cómo lo haremos? ¡Cómo lo haremos! ¡Cómo!

Entonces hicieron con tierra la carne del hombre, pero vieron que no estaba bien, que se deshacía, que estaba blando, sin movimiento, sin fuerza y que se caía. No movía la cabeza. La cara se le iba para un lado. Tenía velada la vista. No podía ver hacia atrás. Al principio hablaba, pero no poseía entendimiento. Con el agua se humedeció rápidamente y no se pudo sostener.

Y dijeron los PROGENITORES:

—Bien se ve que no puede andar ni multiplicarse.

Entonces desbarataron y deshicieron su intento de hombre y siguieron preocupados. Y luego de consultarse entre sí, dispusieron que se juntara madera para que con ella hicieran un hombre duro, resistente, que los habría de sustentar y alimentar cuando amaneciera.

—Buenos saldrán nuestros muñecos hechos de madera. Hablarán y conversarán sobre la faz de la tierra. Prosiguieron y al instante fueron hechos los muñecos de madera. Se parecían al hombre. Hablaban como el hombre y poco a poco poblaron la superficie de la tierra. Existieron y se multiplicaron. Tuvieron hijos los muñecos de palo, pero no tenían fuerza creadora ni sabiduría ni entendimiento ni memoria ni voluntad. No se acordaban de su creador. Caminaban sin rumbo y andaban a gatas. Y por no acordarse de sus padres, de los PROGENITORES, cayeron en desgracia. Un gran diluvio se formó y cayó sobre las cabezas de los muñecos de palo. Fueron anegados, aniquilados, destruidos y deshechos los muñecos de madera.

Y los, animales, y las piedras y sus ollas y sus comales y sus casas, todo pareció volverse en contra de ellos. Era el castigo por la ingratitud y por el olvido. *Desesperados los muñecos corrían de un lado a otro. Querían subirse a los techos de sus casas, y éstas se caían y los arrojaban al suelo. Deseaban encaramarse sobre los árboles y éstos los mandaban lejos. Querían entrar a las cavernas y éstas se cerraban ante ellos.*

Llegaron entonces los animales pequeños y los animales grandes para vaciarles los ojos, cortarles la cabeza, devorarles las carnes, magullarles los nervios y molerles los huesos.

Y también los palos y las piedras les golpearon las caras entre la oscurecida faz de la tierra y la lluvia negra que caía incesantemente. Y se pusieron todos a hablar... Las tinajas, los comales, los platos, las ollas, los perros, las piedras de moler.

—¡Mucho mal nos hacían! ¡Nos comían y nos maltrataban! Ahora nosotros los picaremos —dijeron las aves de corral.

—Ustedes siempre nos atormentaban, siempre nos frotaban y frotaban y frotaban y frotaban —decían las piedras de moler. Pero ahora que han dejado de ser los protegidos, probarán nuestras fuerzas. Moleremos y reduciremos a polvo sus carnes.

—¿Por qué no nos daban de su comida? —dijeron los perros. Apenas si nos acercábamos a ustedes, cuando nos arrojaban piedras y nos echaban fuera. Siempre tenían listo un palo para pegarnos mientras comían tan opulentamente. Ahora probarán nuestra dentadura. Los devoraremos y les destrozaremos la cara.

Y a su vez, los animales y las ollas hablaron así:

—Sólo dolor y sufrimiento nos causaban. Nuestra boca y nuestra cara se encontraban siempre tiznadas y puestas siempre sobre el fuego, quemándonos, como si no sintiéramos dolor. Ahora probarán ustedes. Los quemaremos.

Y las piedras del hogar que se encontraban amontonadas, se arrojaron desde el fuego contra sus cabezas, hundiéndolos de dolor.

Así fue la ruina de los hombres de madera, creados por los PROGENITORES *y aniquilados por las criaturas ya formadas.*

Y dicen que la descendencia de aquéllos son los monos que existen hoy en los bosques. Éstos son la muestra de lo que fueron.

Por esta razón el mono se parece tanto al hombre. Es muestra de una generación de hombres sin memoria ni inteligencia ni fuerza creadora, reducidos a la animalidad, para siempre esclavos de la creación.

Y entonces… los PROGENITORES, *tristes por no haber dado cima a su obra, decidieron:*

—*Ha llegado el tiempo del amanecer, de que termine la obra y aparezcan los que nos han de sustentar y nutrir, los hijos esclarecidos, los vasallos civilizados, los hombres, la humanidad —dijeron los* PROGENITORES. *Se juntaron, llegaron y celebraron consejo en la oscuridad de la noche. De esta manera salieron a luz claramente sus decisiones y encontraron lo que debía servir para construir la carne del hombre: mazorcas blancas y amarillas. El maíz lo formaría. E hicieron los cuatro primeros.*

Así, de este alimento provinieron la fuerza de sus músculos, el vigor de sus brazos y la agilidad de sus piernas. Y fueron dotados de inteligencia y vieron todo lo que hay que ver en este mundo. Nada se ocultaba a su mirada que con asombro veía la bóveda del cielo y la faz redonda de la tierra. Grande era su sabiduría. Sus ojos descubrían lagos, mares, montañas y valles. En verdad eran hombres admirables.

Satisfechos de ello, los CREADORES *les preguntaron:*

—¿Qué piensan de ustedes? Miren. Oigan. ¿No son buenos su lenguaje y su manera de andar? ¡Contemplen el mundo! ¡Prueben si pueden verlo todo!

Y enseguida acabaron de ver cuanto había en la tierra. Luego dieron las gracias a los CREADORES *y examinándolo todo, nada dejaron de saber… Pero los Creadores no oyeron esto con gusto:*

—*No está bien lo que dicen nuestras criaturas. Lo saben todo. ¿Qué haremos ahora con ellos? Y celebrando consejo de nuevo, los* CREADORES *dijeron:*

—No está bien lo que dicen. ¿Acaso no son por su naturaleza simples criaturas y hechuras nuestras? ¿Han de ser también dioses ellos? Refrenemos un poco sus deseos, pues no está bien lo que vemos. ¿Por ventura se han de igualar ellos a nosotros, sus autores, que podemos abarcar grandes distancias, que lo sabemos todo y que nada dejamos de ver? ¡QUE SU VISTA SÓLO ALCANCE A LO QUE ESTÁ CERCA! ¡QUE SÓLO VEAN UN POCO DE LA FAZ DE LA TIERRA!

Entonces del Corazón del Cielo cayó un vaho sobre los ojos de los cuatro primeros hombres y se empañaron como cuando se sopla sobre la luna de un espejo. Sus ojos se velaron y sólo pudieron ver lo que estaba cerca. Sólo esto era claro para ellos. Así fue destruida la sabiduría y todos los conocimientos de los cuatro hombres, origen y principio de la raza humana. Luego los Creadores les formaron sus esposas y fueron hechas las mujeres.

Durante el sueño, mientras ellos dormían, llegaron verdaderamente hermosas. Cuando los cuatro primeros hombres despertaron, al instante se llenaron de alegría sus corazones y dieron vida a todos los que habitamos en la tierra.

5) Libro de Chilam Balam de Chumayel

Esta es la memoria de las cosas que sucedieron y que hicieron. Ya todo pasó. Ellos hablan con sus propias palabras y así acaso no todo se entienda en su significado; pero, derechamente, tal como pasó todo, así está escrito. Ya será otra vez muy bien explicado todo. Y tal vez no será malo. No es malo todo cuanto está escrito. No mucho hay escrito a cuenta de sus traiciones y de sus alianzas.

Los que lo saben vienen del gran linaje de nosotros, los hombres mayas. Esos sabrán el significado de lo que hay aquí cuando lo lean. Y entonces serán claros los oscuros signos del katún; porque ellos son los sacerdotes. Los sacerdotes se acabaron, pero no se acabó su nombre, antiguo como ellos.

¡Tristísima estrella, adorna el abismo de la noche! ¡Enmudece de espanto en la Casa de la Tristeza! Pavorosa trompeta suena sordamente: los muertos no entienden. Los vivos entenderán.

Los que estén sobre el principado de los pueblos que tengan medida su cosecha, sabrán que dolorosamente acabará su reinado. Atadas sus manos por delante, a sus partes genitales, con una cuerda remojada, serán llevados al rey, Primer Verdadero Hombre.

Los últimos príncipes, los que estén sobre su loco tiempo y sobre su loca edad, oirán que con dolor acabará su principado; los que vivan en el tiempo en el que se extinga el katún.

Cuando esté acabando el Décimo Tercer Katún Ahau, serán cogidos los príncipes de los pueblos, porque no tienen entendimiento.

El Primer Verdadero Hombre llegará con su cara de pecado, con su hablar de pecado, con su enseñanza de pecado, con su entendimiento pecador: y pecado será su caminar. Llegará con los ojos vendados y enrojecerá su estera. Durante su poderío, se olvidará de su Padre, se olvidará de su Madre que lo dio a luz. Ardiendo su corazón, sólo entre los huérfanos, agraviador de su Padre, en medio de los que no tienen casa, ha de caminar, borracho su semblante, perdido su entendimiento, al lugar de su Padre, al lugar de su Madre. No tiene bondad, no hay bien en su corazón; solamente un poco hay en la punta de su lengua. No sabe cómo ha de acabar, no sabe lo que hay al final de su reinado, ni lo que va a acabar con el tiempo de su poder.

Un tiempo abrasador, después, un tiempo de frescura. El largo de una piedra es el castigo del pecado del orgullo. Los nueve dioses acabarán el curso del Décimo Tercer Katún Ahau y entonces será entendido el entendimiento de los dioses de la tierra. Cuando haya acabado el katún, se verá aparecer el linaje de los nobles príncipes, y a nuevos hombres sabios y a los descendientes de los príncipes cuyos rostros fueron estrujados contra el suelo, los que fueron insultados por el rabioso de su tiempo, por los locos del katún, por el hijo del mal que los llamó Hijos de la Pereza; por los que nacieron cuando despertó la tierra, dentro del Décimo Tercer Katún Ahau.

Así acabarán su poder aquellos para quienes Dios tiene dos caras.

He aquí que cuando vaya a acabar el tiempo de este katún, entonces Dios dará que suceda otra vez el diluvio y la destrucción de la Tierra. Y cuando haya terminado, entonces bajará sobre una gran nube, para dar testimonio de que verdaderamente pasó el martirio, bajará en gran poder y en gran majestad el verdadero Dios, el que creó el cielo y la tierra y todas las cosas del mundo. Allí bajará a medir por igual lo bueno y lo malo del mundo. ¡Y humillados serán los soberbios!

Afirma Antonio Mediz Bolio: "El llamado *Chilam Balam de Chumayel* es el más importante de los códices, propiamente manuscritos mayas, que hasta hoy se conocen. Como todos los otros es una sucesión de textos de diferentes épocas y estilos.

"La mayor parte de los textos son de índole místico; otros, contienen síntesis de relaciones de hechos, aunque también con un sentido indudablemente religioso; otros, son cronologías extremadamente sintéticas llamadas Serie de los Katunes, hay también fórmulas simbólicas de iniciación religiosa. La última parte del manuscrito consiste, principalmente, en la transcripción de las *profecías* atribuidas al sacerdote Chilam Balam y a otros".

Esto escribió en *El Libro de Chilam Balam de Chumayel*, publicado por la Universidad Nacional Autónoma de México.

El Jaguar, símbolo de nobleza entre los mayas

En el México del siglo XVI, la Iglesia católica sirvió como fuerza evangelizadora y educadora, aunque su único propósito fuese propagar la fe. Poco después de la conquista –entre 1519 y 1549–, frailes españoles enseñaron a los mayas a leer y escribir en castellano (además, en algunos casos, latín). Al idioma indígena se le adaptó el alfabeto llegado de ultramar, añadiéndole a éste signos representativos de los sonidos que le eran ajenos.

La nueva escritura se organizó para fines puramente religiosos, pero los mayas –que tenían su propia forma de escribir– pronto captaron el potencial del nuevo alfabeto. Utilizándolo, asentaron de todo, desde profecías y rituales hasta peticiones a la corona española. De esos manuscritos, ninguno más importante que los *Libros del Chilam Balam*.

Con el vocablo *chilam* se designaba a los sacerdotes, chamanes o videntes nativos; *balam* significa "jaguar" y en este caso fue utilizado conforme a su acepción de título honorífico.

El chilam balam o sacerdote-jaguar pudo haber sido una persona real, en honor de cuya grandeza se impuso su nombre a los manuscritos.

Tal como han llegado a nosotros, estos libros contienen mucha información sobre la vida en el Yucatán colonial; de manera tangencial, se nota el influjo del medio en que fueron escritos, la cultura española. En lo básico, dejan constancia de las tradiciones religiosas y mitológicas de los mayas.

Asimismo, es de gran importancia la "cuenta de los katunes", pues trata sobre los principales sucesos de la historia, vistos conforme al concepto maya del tiempo cíclico.

Un determinado libro del Chilam Balam, poseído por un pueblo o grupo, lo guardaba su jefe, sabio o sacerdote. Para lograr su rápida identificación, al libro se añadía el nombre de ese grupo; de ahí que tengamos, por ejemplo, un Chilam Balam de Chumayel. Además de éste han sobrevivido los de Maní, Tizimín, Laua, Ixil y Tusik. Al conjunto de estas obras se lo conoce bajo el título de *Los libros del Chilam Balam.*

Profecías del Chilam Balam de Chumayel

Las profecías de Chilam Balam (el Sacerdote Jaguar) de Chumayel se fechan aproximadamente en el año 1168 de nuestra era.

Dice que cuando el katún 13 Ahau esté acabándose, la señal del verdadero Dios vendrá a nosotros. Dios se manifestará para encender el mundo. Las profecías de Chilam Balam predicen la venida de los barbados. Y un acontecimiento que empieza en el año 1844 de nuestro tiempo y que hará que el mundo y la humanidad despierten en el "día de la resurrección".

Profecía del fin del gran ciclo maya

Una interpretación del libro del *Chilam Balam de Tizimín*:

Cuando comiencen los nuevos trece baktunes —un baktún es aproximadamente 395 años, por lo que 13 baktunes corresponde a 5 125 años— una guerra será emprendida y nuestro país dejará de existir.

Poco a poco, sin embargo, nuestros enemigos vendrán a oír las profecías del Ahau; pero finalmente incluso la esperanza de oír lo que Ahau les ha traído llegará a su fin, debido a las palabras de oposición.

Para salvaguardar a nuestros niños, por necesidad agacharemos la cabeza, al sentir la tragedia de los cautivos tras la guerra; también lo haremos cuando nos pidan obedecer.

Cuando encima del mar oscuro se alce un cáliz de fuego, a esa generación le llegará el día de la fruta marchita. La cara del sol se extinguirá debido a la gran tempestad. Entonces finalmente los antepasados descenderán por montones. Habrá regalos buenos para unos y para todos, en toda la Tierra, dondequiera el Gran Espíritu se establecerá.

Cuando suceda el Baktún trece, vendrán navegando –figuradamente hablando– trayendo los ornamentos –de los que yo he hablado– de sus antepasados. Entonces Dios vendrá a visitarnos. Quizás Después la Muerte sea el asunto de su discurso.

Capítulo cuatro

Pirámides y estrellas

*La arquitectura consiste en símbolos congelados que pueden
ser sometidos a deshielo y formar un lenguaje comprensible*
ROBERT STACY JUDD, arquitecto

*Las civilizaciones antiguas concedían gran importancia
a los números, considerándolos como un lenguaje exacto
en el que podían expresarse ideales físicos y espirituales
para su conservación. Por eso, sus edificios eran números
convertidos en arquitectura*
PETER TOMKINS, *El misterio de las pirámides mexicanas*

Pirámides del mundo

Para el turista común, no son más que piedras sobre piedras.
Eso sí, construidas con muy buen gusto y algunas de ellas
hasta muy bien ensambladas. Los más famosos arquitectos
de todos los tiempos han viajado a Egipto para adivinar cómo
los egipcios lograron unir piedra con piedra, sin argamasa, y
con una exactitud y solidez tal, que no cabe la hoja de un
cuchillo entre ellas. En México no hemos tenido tal suerte: el
avance de la selva húmeda, la erosión y la mano del hombre
han casi borrado de la faz de la tierra nuestras pirámides, pero
un concienzudo trabajo de reconstrucción –que está muy lejos
de concluir– permite que nuevamente vuelvan a erigirse bellas
y misteriosas.

Estudiosos de otras materias observan estas construcciones
con otros ojos: para los arqueólogos, los astrónomos, los matemáticos y los amantes de los misterios, una pirámide es una

estructura perfecta. Desde su concepción hasta la elección del lugar donde va a ser levantada, pasando por la elección de los materiales y el deseo de hacerla sólida y perfecta para que pueda ser de utilidad a varias generaciones. Porque los que construyeron pirámides no pensaban solamente en este mundo pasajero, sino en las generaciones futuras.

Las pirámides no fueron construidas por el capricho del soberano reinante de ser recordado o para habitar en la más suntuosa de las tumbas, después de muerto. Si bien éste pudo haber sido el motivo inicial, las pirámides fueron además gigantescos relojes o gnomones de sol, imponentes observatorios astronómicos y marcadores precisos para medir el paso de diferentes astros. Las pirámides no fueron erigidas por simple capricho. De las toscas construcciones funerarias de los orígenes de la civilización hasta la forma perfecta de Keops, Kukulkán o las de Palenque y Tikal, son un testimonio escrito en el material más imperecedero por aquel entonces conocido: la piedra eterna.

Desde que el hombre aparece sobre la faz de la Tierra, eleva sus ojos al cielo. Descubre que el astro brillante al que algunos llamarán Sol, describe un camino que se inicia y concluye en la oscuridad. Comienza a percatarse que en la noche, cuando el sol desaparece, aparecen otros objetos de interés en el marco de la negra noche. Estrellas brillantes, estrellas pasajeras, luces fugaces y otra presencia inquietante: la blanca y brillante luna, con sus ciclos perfectos de crecer y angostarse. Tal vez este hombre primitivo, nuestro lejano antepasado, se haya visto en la necesidad no sólo de inventar historias —dando origen así al nacimiento de los mitos— sino también estudiar atentamente estos movimientos, para descubrir la existencia de ciclos que atañen directamente a su supervivencia. Cuando el Sol está más cerca de la Tierra, ocurren determinadas cosas y cuando se aleja, pasan otras. Comienza a importarle el poder saber cuándo lloverá. O cuándo dejará de caer agua. Para ello, nuestro antepasado necesita tener algún ilusorio control sobre el futuro... y cree —como hasta hoy— que las estrellas tienen la respuesta.

A medida que crece y evoluciona, lo van haciendo también determinados instrumentos. El trabajo de la tribu se divide. Nacen la agricultura, la escritura. Las ciudades y la idea de lo sagrado. Dentro de los roles necesarios que deben desempeñarse en todas las sociedades, surge el núcleo de los científicos: los que detentan y guardan el saber. Ellos serán los maestros, los investigadores, los observadores.

Aunado al placer del conocimiento, comienza a surgir la necesidad de tener los espacios y las estructuras adecuadas. No olvidemos que nuestros antepasados en Egipto, Japón, la India o el Mayab no contaban con los sofisticados instrumentos que hoy tenemos para ver las estrellas y registrar y comprobar sus movimientos. Se habla de suelos de mica, cual gigantescos espejos que reflejaban el cielo estrellado. También se ha dicho que las populares estatuas de Chaac Mol mayas, en realidad permitían observar el cielo cuando en el plato que sostenían sobre sus rodillas se colocaba mercurio líquido... Una cosa sí es cierta: los que observan el cielo son criaturas del día y de la noche que llevan un riguroso registro de sus investigaciones. Pero necesitan más, quieren saber más.

¿Quién construyó la primer pirámide? No lo sabemos. Como tampoco sabemos quién construirá la última. La única certeza que tenemos es que las mismas obedecen a la necesidad de investigar, de saber más, de tener instrumentos cada vez más precisos para medir el paso del sol y de las estrellas.

Los astrónomos mayas

¿Qué civilización es ésta que tuvo en su época de mayor esplendor –el llamado Periodo Clásico– una lengua escrita superior a la de sus contemporáneos?

Para enigma de las generaciones futuras, de ella hoy día no se conserva casi nada. Muchos códices fueron quemados por los sacerdotes católicos, otros no resistieron el paso del tiempo: el papel amate se deteriora con facilidad. A lo que se suma que la escritura que los mayas dejaron en la piedra ha sido una de las más difíciles de descifrar. Tuvimos que esperar al desarrollo de la ciencia cibernética, de la lingüística y las matemáticas para comenzar a estirar la madeja de un fascinante ovillo.

Gracias a los estudios de los arqueólogos especializados en la civilización maya, hoy podemos saber de sus adelantos.

Independientemente de lo que hemos aprendido en libros y enciclopedias de cómo llevaban la cuenta del tiempo, de los siete ciclos para medirlo o de su extraordinaria capacidad para hacer complicadas operaciones matemáticas, los astrónomos mayas formaron una casta privilegiada.

No lo sabemos –estoy adivinando– pero por la calidad de las construcciones que se han descubierto en sus ciudades, no es del todo descabellado el afirmar que –al igual que sus antepasados egipcios– con el paso del tiempo se vieron en la necesidad de perfeccionar sus instrumentos y realizar construcciones que les permitieran disponer del lugar más adecuado para estudiar las estrellas.

Imaginemos por un momento la personalidad del sacerdote astrónomo maya. No se trata de un hombre común. Al igual que nuestros astrónomos de hoy en día, estaba dotado de una sensibilidad especial. Recibió una educación especial y su ocupación es la de ver el cielo y anotar los resultados de sus observaciones. Debía ser un gran conocedor de las matemáticas y el movimiento de las estrellas. Era quien manifestaba al monarca reinante la necesidad de construir determinado edificio para mejorar la calidad de su observación del cielo y así darles horóscopos más precisos.

Ese era el momento en que observadores y constructores trabajaban estrechamente, hombro con hombro, en pos de un objetivo común: adivinar en el cielo lo que ocurriría en la Tierra.

Muchos de ellos serían criaturas nocturnas y solitarias: silenciosos sujetos de la noche que volvían a nacer cada tarde, aguzando la vista (se dice que nuestros antepasados mayas tenían una capacidad visual extraordinaria), comparando, anotando. Y todo ello, en la oscuridad. Fruto de todos estos años de investigación serían los libros sagrados, los códices, tan enigmáticos para las generaciones futuras, como más abajo se narra.

Hoy no puede dejar de asombrarnos la extraordinaria capacidad de estos sabios y religiosos hombres. Cuando tomamos en cuenta que lograron calendarios perfectos, munidos de instrumentos tan primitivos, pero sabiéndolos usar a la perfección, uno no puede dejar de sentirse admirado... y agradecido. Por su sabiduría y sus maravillosas ciudades, que hoy sabemos no fueron planificadas al azar, sino obedeciendo al mapa del cielo.

La construcción: espejo del cielo

Quien visite las ruinas de Dzibilchaltún, no podrá dejar de sentirse atraído por una construcción muy singular, bautizada como La Casa de las Siete Muñecas, tal vez famosa porque allí se encontraron siete pequeñas efigies. Pero cuando observamos la foto que sirve de promoción al sitio arqueológico, no deja de asombrarnos el hecho de que por la puerta central de la construcción, en un preciso y exacto día del año, a una hora muy determinada, el sol se ve justamente en el medio de la puerta.

Si hemos tenido el privilegio de visitar las ruinas de Chichén Itzá (la boca del pozo de los Itzáes), dos construcciones nos llaman la atención, tanto por su fama como por su curiosa orientación dentro de la ciudad sagrada. La primera es la famosa pirámide de Kukulkán, conocida como El Castillo, es la pirámide dedicada al Sol y el centro neural de la ciudad, sus escalones están *orientados* y *diseñados* de tal manera y habilidad que sólo en el día del equinoccio primaveral y del otoñal, los rayos del sol producen una colosal serpiente (cuya cabeza está labrada al principio de la escalera, a ras del suelo) que se desliza hacia arriba o hacia abajo de la escalinata: hacia arriba en primavera y hacia abajo en otoño, formando con el juego de luz y sombra una serie encadenada de siete triángulos isósceles perfectos, tal parece una copia fiel de la famosa serpiente de cascabel o crótalo.

Ante la repetición sistemática de este curioso fenómeno, se debe abandonar la idea de que es fruto de la casualidad. Hoy podemos inferir que la pirámide del Sol fue cuidadosamente planificada para saber dos fechas: cuándo sembrar y cuándo cosechar. Y no es delirio afirmar que para su construcción se necesitó de cuidadosas mediciones, comprobaciones de datos y un riguroso control. El resultado final es una pirámide gigantesca, uno de los mayores gnomon (reloj de sol) que nos habla en un lenguaje visual y críptico a la vez.

Escondido entre el follaje, hay que caminar bajo el ardiente sol para descubrir la otra construcción singular de Chichén Itzá: el polémico lugar conocido como El Caracol.

Y a despecho de la opinión de J. Eric Thompson –considerado como la autoridad suprema sobre las mayas– quien dijo que El Caracol era "simplemente un pastel de bodas de dos pisos, en la caja cuadrada de cartón en que se le empacó", hoy sabemos que los arquitectos y astrónomos mayas no levantaron edificios por el simple deseo ornamental o habitacional.

Recientes estudios han mostrado que este extraordinario edificio es un observatorio astronómico diseñado en forma muy sofisticada y que su misma ubicación y altura hacen de él una marca geodésica, es decir, un instrumento para medir las líneas de la Tierra y estudiar así su relación con el paso de diferentes astros.

Sabemos que las diagonales de la plataforma principal apuntan hacia la salida del sol en el solsticio de verano, y a la puesta de sol, en el solsticio de invierno.

Otro edificio que puede llamar nuestra curiosidad es el llamado Palacio del Gobernador, en la maravillosa ciudad de Uxmal. Tan mágica de día como de noche. Recuerdo particularmente la noche en que fui a ver el espectáculo de Luz y Sonido, sentado frente al Cuadrilátero de las Monjas, cuando el cielo comenzó a tronar y algunos relámpagos caían sobre la llamada Pirámide del Adivino –que, de acuerdo con la leyenda que se cuentan sobre su construcción, tampoco fue un edificio diseñado por capricho–. Enfrente del Cuadrilátero hay una curiosa estructura, el Palacio del Gobernador. Recientes estudios han arrojado como resultado que su plataforma está orientada hacia el punto de salida de Venus.

Para llegar a esta conclusión, Thompson contó con la evidencia del maravilloso calendario de Venus hecho por los astrónomos mayas, conocido como el Códice de Dresde, que se supone fue escrito en las cercanías de Chichén Itzá. ¿También el Palacio es una marca geodésica? Podría ser.

Los cuatro lugares del mundo

Para entender la forma de pensar y sentir de los pueblos mayas del pasado es necesario conocer cómo era su forma de ver el mundo. Hoy sabemos que tenían una extraña predilección por las formas cuadrangulares, cuestión que persiste en nuestros días. Sus pirámides tenían una planta cuadrangular, sus milpas eran de esta forma y sus casas también tenían cuatro lados. Cuadrada era su forma de ver el mundo, tal y como está escrito en el *Chilam Balam de Chumayel*:

El pedernal rojo es la sagrada piedra de Ah Chac Mucen Cab. La Madre Ceiba Roja, su centro escondido, está en el oriente. El chacalpucté es el árbol de ellos. Suyos son el zapote rojo y los bejucos rojos. Los pavos rojos de creta amarilla son sus pavos. El maíz rojo y tostado es su maíz.

El pedernal blanco es la sagrada piedra del Norte. La Madre Ceiba Blanca es el centro invisible del Sac Mucen Cab. Los pavos blancos son sus pavos. Las habas blancas son sus habas. El maíz blanco es su maíz.

El pedernal negro es la piedra del poniente. La Madre Ceiba Negra es su centro escondido. El maíz negro y acaracolado es su maíz. El camote de pezón negro es su camote. Los pavos negros son sus pavos. La negra noche es su casa. El frijol negro es su frijol. El haba negra es su haba.

El pedernal amarillo es la piedra del sur. La Madre Ceiba Amarilla es su centro escondido. El pucté amarillo es su árbol. Amarillo es su camote. Amarillo son sus pavos. El frijol de espalda amarilla es su frijol...

De acuerdo con este fragmento, cada lado del universo tenía su color, su Ceiba, un Bacab (el dios sostenedor del cielo) y un Chaac, su dios de la lluvia.

De allí que tanto sus construcciones sagradas como las cotidianas privilegiaran la forma cuadrangular. Pero los mayas no entendían las cuatro esquinas del cosmos como en nuestro pensamiento occidental. Si nosotros hablamos de cuatro puntos cardinales: Norte, Sur, Este y Oeste, definidos en función del Polo Norte, ellos centraban su orientación en los rumbos que iba tomando el sol. Esto explica su necesidad de hacer construcciones que sirvieran para observar y medir el paso del Astro Rey sobre la Tierra.

De allí que el punto más importante para los mayas haya sido el de la salida del sol, es decir, el Oriente o Levante y luego —en orden de importancia— le seguían el Poniente y finalmente el Norte y el Sur. Una concepción radicalmente diferente a la nuestra, pero que también nos ayuda a comprender su manera de pensar y de construir.

Sabemos que el sol no nace exactamente en el mismo punto todos los días del año. Se va moviendo sobre el horizonte hacia el norte, hasta llegar a su punto más septentrional en el solsticio de verano y luego comienza a moverse hacia el sur hasta llegar al punto más meridional en el solsticio de invierno. De esta actividad estaban muy al pendiente los astrónomos y sacerdotes mayas.

Gracias a que se pudo develar este conocimiento, los arqueólogos encontraron el ¡Eureka! por qué la curiosa disposición, cantidad o tamaño de determinados grupos de construcciones en las ciudades mayas.

Tal el caso de Uaxactún —citado por Federico Navarrete en su obra *La vida cotidiana en tiempo de los mayas*—. En esta ciudad, ya en el periodo preclásico se había erigido un complejo de tres templos que servía para observar la marcha anual del sol. El punto de observación le correspondía a otro edificio más alto. Cuando el sol salía sobre el templo central, los sacerdotes sabían que el mismo estaba en el equinoccio de primavera o de otoño. Cuando lo hacía sobre el templo del norte, era que había llegado el solsticio de verano y cuando lo hacía sobre el edificio del sur, estaban en el solsticio de invierno.

Esta concepción cósmica de los mayas privilegia el plano vertical sobre el horizontal: el oriente es la parte más alta del cielo (por donde sale el sol) y el poniente, la más baja, la parte del inframundo. Los mayas no le dan la importancia que les damos nosotros al norte y al sur, se limitaban a llamarlos "a la derecha" o "a la izquierda" del sol.

Los mayas hacían sus construcciones como un reflejo del cielo... y para estudiar el cielo. Nada quedaba librado al azar.

Una teoría reciente, manifiesta a partir de los estudios de los planos geográficos de varios sitios mayas —entre los que están Uxmal, Copán y Dzibilchaltún— muestra que dichas ciudades estaban ligeramente desviadas hacia el este del norte astronómico, que se aproxima bastante al norte magnético que nosotros conocemos (y que no coincide con el astronómico). Realiza esta pregunta: ¿podrían los mayas haber descubierto y utilizado la brújula antes o al unísono de los chinos, que ya la conocían desde el año 1000 antes de Cristo? ¿Cómo conocían con precisión el norte magnético?

Tal vez la respuesta sea afirmativa a la primera interrogante: si pensamos en la posibilidad de que encontraran magnetita o piedra imán y la emplearan de la misma forma en que los chinos lo hicieron. En Asia, frotaban con la piedra imán una cuchara o tallaban una aguja en la misma y la ponían a flotar sobre un cuenco de agua. El objeto imantado (al que bautizaron como "aguja de marear") siempre señalaba una misma dirección: el polo norte magnético. No suena tan descabellada la idea.

Lo que sí se nos antoja increíble es la "explicación" dada por la antropóloga Henriette Mertz, quien afirma que la brújula pudo haber llegado a manos de los mayas por los exploradores chinos y los monjes budistas que se supone llegaron a las costas de América durante el segundo milenio antes de nuestra era y nuevamente en el siglo v de nuestra era. Bueno, al menos los chinos fueron reiterativos... y pacientes: tardaron

2 500 años en ir y volver, sólo para mostrar a los mayas el uso de la brújula.

Pirámides y estrellas

Venus

De sus observaciones del cielo, los mayas llegaron a la conclusión de que la naturaleza estaba gobernada por leyes cíclicas y que todo podía ser previsto, siempre y cuando se comprendieran los números que estaban en las bases de estas manifestaciones. El paso del tiempo se medía a partir del movimiento del sol, la luna y astros importantes, como Venus, Júpiter, Saturno y la constelación de las Pléyades. De allí que matemáticas y astronomía, junto con la religión, estuvieran indisolublemente ligadas.

En las latitudes de Mesoamérica, el planeta Venus se vislumbra en el cielo al amanecer con gran luminosidad y los astrónomos mayas le dedicaron una particular atención.

Sabemos que Venus gira alrededor del sol cada 224.7 días, pero debido a que la Tierra se mueve a lo largo de su propia órbita, Venus aparece en el mismo lugar del cielo aproximadamente cada 584 días.

Como 5 por 584 es igual a 8 por 365, los mayas consideraban que 8 años de Venus eran iguales a 5 años solares.

De acuerdo con sus cálculos, los calendarios solar y de Venus se vuelven coincidentes cada 37 960 días, es decir, 104 años, lo que equivalía a dos siglos de 52 años para los mesoamericanos.

De los pocos códices que sobrevivieron a la hoguera de la intolerancia, uno de los más enigmáticos y bellos es el llamado Códice de Dresde, en honor al lugar donde fue encontrado en 1713. Humboldt publicó algunas de sus páginas en su obra *Vues des Cordilleras* en 1813. Pero en realidad nadie sabía a ciencia cierta qué estaba escrito en sus 74 páginas de papel de corteza de higo, con figuras de color blanco, rojo, amarillo, azul y café. No fue sino hasta 1880 que un matemático pudo ver en estos glifos un verdadero tratado de astronomía. Así se pudo reconstruir el gran ciclo de la Cuenta Larga de los mayas. Forstemann, el director de la Biblioteca de Dresde, también descubrió que los mayas usaban el cero y que tenían varios calendarios. Se llegó a la conclusión de que el Códice de Dresde es un calendario de Venus de 400 años, idea que fue complementada cuando se encontró el llamado Códice Grolier. Otro calendario de las fases de Venus.

En el Códice Grolier se predice la aparición y desaparición de Venus en un ciclo de 845 revoluciones que es igual a 1352 años. Y una vez completado ese ciclo, se vuelve a repetir sin cesar por medio de un cambio en el orden de los renglones del Códice y de la forma en que deben leerse. Calificado como "el primer y único calendario de Venus conocido en el mundo, producido por cualquier civilización", este antiguo documento maya debe clasificarse entre los logros supremos intelectuales en la historia de la humanidad. Tal como suena: los mayas lograron elaborar un calendario perpetuo para el planeta Venus, dándonos así más indicios de su preocupación por descifrar el misterio del futuro, al cual veían como parte de un ciclo que se repetía eternamente.

De allí la importancia que le daban a la observación del cielo y su necesidad de contar con los lugares adecuados y los mejores instrumentos para observar el cielo.

La constelación del dragón

Uno de los hallazgos hechos en el llamado Códice Trocortesiano por la astrónoma Marian Hatch, ha revelado que las numerosas serpientes en diferentes posiciones que allí aparecen, no son otra cosa que una ilustración del recorrido de la constelación del Dragón, tal como aparecía en el cielo nocturno hace 2 000 años.

La doctora Hatch notó que la estrella Eta de dicha constelación es la única que permaneció −virtualmente sin cambios− en los movimientos de la constelación del Dragón durante los 2300 años comprendidos entre el 1800 antes de Cristo y el año 500 de nuestra era.

Los astrónomos mayas se regían por esta estrella para medir el año sideral y como punto de referencia para observar el paso de otras estrellas.

La estrella Cygnus

Otra observación importante que hizo Hatch fue el descubrimiento de que también en este códice está registrado −en forma de bandas cruzadas− el paso de la estrella Cygnus (cisne) de la constelación Gamma, que al efectuar su tránsito en la media noche, anunciaba (y les permitía predecir al resto de sus conciudadanos) el advenimiento del solsticio de verano.

¿Cuánta paciencia se necesitó para observar noche tras noche los mínimos cambios en el firmamento? Podemos vagamente imaginarlo.

Las Siete Hermanas: las Pléyades

Otro de los factores sorprendentes es la continuidad que existe en el pensamiento de los mayas, sucesivos descubrimientos y hallazgos se iban sumando a lo conocido, tal vez volviendo a dar significado a lo sabido, o invitándolo al debate.

Fueron grandes científicos, de una disciplina asombrosa y una dedicación extraordinaria. Si no fuera así, ¿cómo podríamos explicar el hecho de que tenían información acerca de la actividad de más de 400 estrellas de la Constelación de las Siete Hermanas, mientras que hoy no se han podido localizar más de seis a simple vista, aunque nuestros observatorios han demostrado la exactitud de sus observaciones?

Todo parece indicar que no hay razón alguna que nos haga rechazar la idea de que los mayas podían ver a simple vista los planetas Urano, Neptuno y Plutón. ¿A simple vista?

La herencia de los mayas

Zelia Nutall –famosa por su trabajo sobre el códice mixteco que lleva su nombre– señaló que los astrónomos mesoamericanos no sólo empleaban templos y juegos de pelota cuidadosamente diseñados y orientados, sino que también emplearon instrumentos muy ingeniosos para poder registrar con precisión las apariciones y las desapariciones cíclicas de los más importantes habitantes del firmamento.

Así, empleaban varas dentadas –semejantes a grandes tenedores– y crestas a lo largo de los techos de sus edificios (nos basta ver fotografías de los edificios de la Gran Plaza de Tikal para confirmar esta idea) colocadas en fila, hileras de varas cuidadosamente dispuestas y estelas de piedra labrada, colocadas a distancias estratégicas las unas de las otras. Este conjunto de construcciones permite observaciones minuciosas.

De allí que se pueda aceptar con facilidad la idea de que la curiosa cúpula del edificio del Caracol en Chichén Itzá fue un gran gnomon o reloj de sol, que estaba sin sombras al mediodía en los días en que el sol cruzaba el cenit en mayo y julio, anunciando así al pueblo la llegada de las lluvias y el inicio de un nuevo año calendárico. Y que se empleaba durante las noches para medir y observar el cielo.

¿Qué heredamos de los mayas?

Acaso a todos nosotros nos ocurre que la primera vez que nos acercamos a esta exquisita civilización, surge un sentimiento de admiración aunado a la vivencia de que aún no hemos cruzado el puente para entenderla completamente.

Para cualquiera que haya visitado las ruinas de Tulum –se dice que fue la última gran ciudad maya, de hecho, está amurallada, cosa que no ocurre con ninguna otra famosa ciudad conocida, señal de que se esperaba un ataque o peligro– no podrá de dejarse sentir extrañamente atraído no sólo por el contraste de la blanca piedra y el verde mar, sino también por una extraña construcción, el Templo del Dios que Cae, que tiene reminiscencias orientales, así como lo que parecería ser una gigantesca casa de muñecas, cuyas habitaciones no pueden ser habitadas por humanos.

Para muchos esta extraña efigie de una figura humana de cabeza no es más que la representación del sol en el ocaso.

¿O será el fruto de una extraña premonición acerca del final de la grandeza maya?

¿Podían ver el futuro o quizás tan sólo tuvieron la capacidad para predecir los movimientos de la esfera celeste y –a partir de allí– inferir que los ciclos se repetían eternamente, en este rítmico girar de la rueda de los katunes?

¿De dónde les venía esta suerte de obsesión o conocimiento de los ciclos de la vida y de la muerte?

Aún no se ha dicho todo. Hay quienes prefieren creer a pie juntillas que el último rey maya desapareció junto con su corte por un túnel excavado bajo el lecho marino, desde la ciudad de Tulum.

Otros, que regresaron a las estrellas, de las cuales son hijos.

Para los que estamos enamorados de la grandeza del pasado maya y de su herencia, nos resulta demasiado obvio pensar que fue una civilización más que alcanzó su momento de esplendor, que agotó los recursos naturales para su supervivencia y que finalmente se colapsó. Es imposible no estar sentado en un rincón del Uxmal viejo –que casi no es visitado por los turistas– en el más viejo de los dos cuadriláteros de las monjas, a la sombra de los árboles y las ruinosas cresterías y no pensar que aquí hay algún secreto escondido que no estamos aún preparados para develar.

Tal vez la herencia de los astrónomos y arquitectos mayas se emparenta con la de sus homónimos egipcios, con viejas civilizaciones sumerias, con los restos de Teotihuacan, nombre que no sólo significa *El lugar donde los hombres se hacen dioses* sino también *el lugar en donde se hacen señales,* con todas las civilizaciones que levantaron sus ojos a las estrellas, porque adivinaban en ella el devenir de sus propias vidas.

O tal vez, la herencia de los mayas haya sido celosamente guardada por los grandes constructores de las gigantescas catedrales de piedra, que en pocos siglos comenzaron a erigirse en el Viejo Mundo. Porque hoy sabemos que nada de lo que se hizo obedeció puramente a un capricho o una necesidad .estética. Todo tiene un sitio para vivir... y un sitio para morir.

El enigma de las pirámides

Volviendo al principio, cerrando la rueda de los katunes, el enigma de las pirámides sigue allí. Tal vez demasiado obvio para que lo veamos, o tan simple que nos es imposible descubrirlo.

Por hoy sabemos que en lo profundo de las selvas de México y de América Central yacen los restos –muchos aún desconocidos– de pirámides, tal vez cientos, tal vez miles, bajo el húmedo y mortal abrazo de raíces y ramas, en sitios donde sólo llegan jaguares y serpientes. Ignoradas, sucumben lentamente al paso de los siglos. Tal vez muchas de ellas guarden preciados tesoros o deteriorados códices que nos arrojen más luz acerca de la historia de sus constructores y del porqué erigieron estos edificios en ese lugar. Muchas de ellas llevan escrito en la piedra su propia historia. Son sobrevivientes, a su manera, de la intolerancia religiosa que arrojó a la hoguera siglos de grandeza pasada, en nombre de un dios que decía ser el único y el verdadero.

Lo curioso es que los mayas parecían saberlo. Hasta la fecha exacta en que la grandeza acabaría siendo polvo en el polvo. De todo ello nos hablan las pirámides.

Durante mucho tiempo, la historia de las pirámides y sus constructores permanecieron en el olvido: testimonios abandonados en bibliotecas, voces silenciadas bajo el rótulo de superstición. Hasta se dijo que los pueblos mesoamericanos eran ignorantes y salvajes, que prácticamente no habían salido de la Edad de Piedra, que carecían de alma.

Pero se hizo la luz. Los hombres dejaron de pasar frente a las pirámides de Egipto sin voltear, demasiado acostumbrados a su presencia cotidiana, comenzaron a comprender el lenguaje de los antiguos y quedaron admirados.

Aparecieron los primeros egiptólogos quienes descubrieron que en el antiguo Egipto ya habían medido con exactitud la circunferencia de la Tierra mediante la observación astronómica, tal y como lo hacen los topógrafos hoy en día. Y poco a poco, aparecieron los americanistas que, venciendo la intolerancia y las ideas preconcebidas, descubrieron otra civilización de pirámides: los mayas.

Tiempo después, aparece su tabla de sumar, su calculadora, con la que han dejado cuentas astronómicas sorprendentes y completas, aunque –se dice– aquella forma de hacer matemáticas podía ser entendida hasta por un niño pequeño.

Sólo con ayuda de la piedra para hacer sus grandes instrumentos y de sus ojos para observar, leyeron en el cielo como en un libro abierto... Resulta increíble.

Como también un libro abierto fueron sus ciudades... También asombrosas para el que sabe leer en la piedra.

Hoy sabemos que los mayas hicieron calendarios perpetuos perfectos, relacionados –como más arriba lo menciono– con los ciclos de los solsticios, equinoccios y los eclipses del sol y de la luna.

Escrito en letras de tierra y piedra, su conocimiento cósmico del mundo está ahora a nuestro alcance. Esta es nuestra herencia, éste es el misterio.

¿Qué haremos con él?

Capítulo cinco

El legado de los mayas

Lo más interesante de todas las declaraciones que vienen a continuación es su consistente tono reconciliador. Los grupos mayas actuales, así como incontables otros grupos indígenas, están abriendo sus puertas a personas sin distinción de color, haciéndose llamar Guerreros del Arco Iris, porque sus ancianos les han instado a que "recordaran las instrucciones originales" cuando el Creador le dio a cada tribu un mandato a seguir. Y ese mandato les ha enseñado que ahora es momento de curar el pasado.

A pesar de los siglos de dolor y persecución, ahora es momento de unirse y trabajar en armonía para rehabilitar el planeta y establecer una era de alineamiento cósmico y paz universal.

Pero al lado de estas visiones tan idílicas de la "realidad", aparecen hombres que emplean pasamontañas y que reclaman sus derechos fusil en mano y que no creen que la solución se encuentre en las profecías, sino en la independencia.

Esto es el mundo maya.

Pero para los propósitos de este libro, únicamente me ocuparé de las interpretaciones del legado de los mayas en términos de antiguos augurios que están por cumplirse en nuestros días. Los aspectos políticos, socioeconómicos e incluso la vida cotidiana de los mayas actuales son asuntos de gran interés, pero que lamentablemente caen fuera de los límites impuestos para este texto.

El legado de los mayas

De todo el material que se recopila acerca de estos fascinantes antepasados, se han ido construyendo interpretaciones y "profecías". Es decir, una serie de cálculos matemáticos relacionados con textos mayas que lleva a muchos a pensar que nos encontramos ante cierto tipo de pronósticos.

Vamos a acercarnos a los tres más importantes, aunque aparecen muchos personajes que hablan de cifras y datos o sencillamente de sus propias elucubraciones y predicciones proféticas basadas supuestamente en el mundo de las antiguas profecías mayas, podemos encontrar que estas tres son los ejes o corrientes centrales, aunque cabe decir que pueden existir muchos más. Son:

—el llamado Dreamspell,
—la denominada Predicción Maya, y
—los descubrimientos de la Ciudad Sol.

Pero antes, quisiera hacerle comprender al lector que todas las interpretaciones de las llamadas "profecías mayas" se basan en los calendarios, por lo tanto, antes de pasar a detallar cada uno de estos tres sistemas de pensamiento, deseo realizar un paréntesis que ayudará a comprender más claramente de dónde es que nacen las interpretaciones proféticas. Así, primero hablaré acera de los misterios del calendario maya, para después introducirnos en el Dreamspell, la Predicción y la Ciudad Sol.

Misterio del calendario maya

En 1475, diecisiete años antes de que Cristóbal Colón hiciera su primer viaje al Nuevo Mundo, el Supremo Concilio Sacerdotal Maya se congregó para revelar que la oscuridad pronto estaría entre los mayas y que dos amplios ciclos de un calendario vinculado al tzolkín tendrían que pasar antes de ver la luz una vez más. Considerado la devastación sufrida a manos de los conquistadores españoles, la predicción de oscuridad era increíblemente exacta. El día 21 de abril de 1519 fue muy significativo para el hombre de 34 años de edad, un explorador español de nombre Hernando Cortés, quien conquistó a los aztecas. Curiosamente, era Viernes Santo.

Miles de indios fueron sometidos por un puñado de españoles armados con corazas, caballos y arcabuces. Aunque Cortés dependió, mañosamente, de la astucia y la alevosía psicológica como su mayor arma, pues los oriundos creían que se trataba de dioses: del cumplimiento de la profecía.

En menos de diez años una población que pudo ser mayor a 25 millones de habitantes, quedó reducida, por la plaga, la inanición, las matanzas y la esclavitud, a menos de un millón.

Cosas así fueron profetizadas. Cuando diera principio el ciclo de nueve infiernos, medidos cada 52 años, comenzaría el fin del mundo. Pero, ¿cómo habían llegado a semejante agüero preciso y horrible? Los aztecas habían heredado el calendario maya. Y los mayas, a su vez, atribuyeron —su increíblemente complejo sistema calendárico, así como su pasión por estudiar el sistema solar y la adivinación astrológica a través de la numeración y la repetición de ciclos— a otras personas, cuyo origen estaba perdido en el oscuro pasado. No pocas veces hablaron, además, de su vinculación con otros mundos, tal vez habitados más allá de las fronteras de nuestro Sistema Solar.

Hay argumentos, sin duda intrigantes —como el de Zecharia Sitchin—, que pretenden demostrar que los mayas recibieron su habilidad astronómica y los calendarios de los sumerios. Quienes a su vez fueron instruidos por Nephilim, es decir, por seres tecnológicamente avanzados procedentes de otro planeta. Elizabeth Clare, en cambio, explica que el profeta maya procuró enseñar la importancia original de Venus y que los mayas de la etapa clásica no fueron dueños de las mismas almas que encarnaron en tiempos antiguos, pues a éstos les satisfizo el calendario venusino y adoptaron una temporalidad mucho más materialista. Mientras que José Argüelles habla de códigos y sincronizaciones con la Vía Láctea, procedentes de una cultura avanzada, en sintonía no sólo con los planetas del Sistema Solar, sino con niveles de conciencia en ciclos evolutivos más altos que los nuestros. Éstas son algunas posturas llamativas, aunque la mayor parte de los científicos tradicionales de occidente no aceptaría ninguno de estos puntos de vista.

Con independencia de lo anterior −es decir, de la influencia extraterrestre− cabe señalar que significativamente los mayas tenían veinte calendarios y tres de éstos estaban basados en el sistema matemático vigesimal (que cronometra veinte dígitos), que proporciona refinamiento al calendario maya por encima de otros sistemas similares en Mesoamérica. Los calendarios fueron diseñados para armonizar el tiempo real, el año solar y las revoluciones de varios cuerpos celestes.

El primer calendario basado en veinte dígitos recibe el nombre de la Cuenta Larga y se usó, al parecer, para los eventos más significativos del pasado remoto. Un evento muy significativo para los mayas −contado hasta por el número de días− ocurrió el 13 de agosto del año 3113 antes de Cristo (trasladándolo a nuestras fechas). Juzgando por la evidencia arqueológica, el año mítico 3113 se encuentra antes de la emergencia de la civilización maya. Lo que pasó, entonces, tuvo tal importancia, como para nosotros el nacimiento de Cristo, que quedó marcado como la fecha que pudiera conmemorar la inauguración de la Gran Edad Maya.

La numeración del calendario de la Cuenta Larga empieza con números del uno al veinte. Al llegar al 20 estamos dentro de un uinal, los uinales cuentan veintenas; un tun suma el periodo de 18 uinales −lo que nosotros llamaríamos meses− que suman 360 días, lo cual se suma a un uayeb de cinco días anónimos para formar un año solar −un calendario del que luego hablaré−; un katún representa 20 tunes o 7 200 días que son 19 años, 73 días; un baktún es 20 katunes o 144 000 días o 394 años, 52 días. Pero un alautún iguala la cifra de 23 040 000 000 días o ¡63 080 082 años!

Las eras del calendario maya de la Cuenta Larga tienen como promedio una duración de 5125.40 años cada una, que es igual a 13 baktunes de 144 000 días cada uno. Cada ciclo de 13 baktunes se contó como una Edad o Gran Ciclo, un época histórica específica.

De tal forma, en el año 3113 antes de Cristo –según nuestro calendario– comenzó la era actual, la cual finalizará hacia el año 2012 de nuestro calendario.

Aunque cabe aclarar que el día de la fecha –21 de diciembre del año 2012, nótese que otras "predicciones" hablan del día 22 de diciembre (nadie ha dado, hasta este instante, la hora exacta del acontecimiento)– puntual para los mayas, no lo es para nosotros, y que los sucesos ocurrirán hacia el año 2012 o 2013, *siempre y cuando estemos contando correctamente, pues hay evidencia de que nuestro calendario tiene muchos errores.*

Como los días y los meses del uinal, cada era tenía un significado particular, representado por su glifo correspondiente. Cada Gran Ciclo fue creado para ser regido por un Sol diferente con un destino específico para las evoluciones de aquéllos que encarnaran durante dicha era.

Además de la Cuenta Larga, los mayas emplearon dos calendarios cíclicos que se interponen y combinan. El calendario solar exotérico, haab, aunado con un sagrado calendario esotérico, tzolkín. El calendario solar, usado principalmente para usos prácticos y agrícolas, consistió en 365.242129 días y es realmente más preciso que nuestro calendario gregoriano de 365.242500 días. Se pensó que el año haab empezaba con el tránsito del sol en el cenit y se contaba a partir del 16 de julio.

El año maya estaba dividido en 18 meses de 20 días cada uno. Esto dejó cinco días sin nombres o días desafortunados al final de cada año. Cada uno de los 18 uinales era dedicado a una deidad específica y sus fiestas correspondientes, a las que se relacionó con la estación del año, el trabajo a realizar durante la estación y la naturaleza de la propia estación. Durante los cinco días inútiles o anónimos, los cronistas españoles escribieron que ninguna acción insignificante, incluso el barrido de la casa o peinarse el cabello se emprendía. Fue creencia que si uno reñía durante esos días, estaba destinado a hacerlo el resto del año. Pobre la persona que tuvo que nacer durante uno de estos días anónimos, su vida estaba predestinada a ser de miseria e infelicidad.

Los días se designaron en grupos de 13. Cada día tenía sus agüeros específicos, empleados para la adivinación astrológica. Veintiocho de estas semanas de trece días dan lugar a 364 días dejando un día extra al final del ciclo. Cuando 13 años han pasado, el número de éstos días extras igualarían el número 13 o katún de los días. Esta era la forma de relacionar los calendarios solar y lunar.

El tzolkín –el calendario sagrado– fue usado para el ceremonial y el ritual, y duraba 260 días. El tzolkín consistió en una rueda más pequeña de 13 glifos rodeados con una rueda más grande de 20 días, produciendo 260.

Cualquier día se representó por la combinación particular del haab y el tzolkín, dicha unión produce una previsión específica. Los dos calendarios cíclicos, haab y tzolkín, crean juntos la Sagrada Ronda de 52 años. Pues sólo una vez en 52 años o 18 980 días la combinación de 13, 20 y 365 se repite.

Cuando cuatro ciclos han pasado –en otras palabras cada 52 años–, el nuevo año empezaría con una denominación igual al del inicio del ciclo. Este ciclo de 52 años fue adoptado por los aztecas y otras gentes de Mesoamérica y se conoció a esta fiesta de renovación como ceremonia del Fuego Nuevo. Cinco ciclos de 52 años son 260 años, lo que se conoce como Ciclo Grande, también puede ser calculado al multiplicar 13 x 20 y a este se le llamó Ahau Katún. Ahau es la palabra para jefe, rey o gobernante. El ciclo de 52 años fue sagrado para toda la gente de Mesoamérica y un factor importante en su comprensión del pasado y de los eventos futuros.

José Argüelles nombró a este calendario el Módulo Armónico porque las 260 posibles permutaciones de los 13 números y 20 acomodan cada posible cómputo de todos los movimientos del calendario. La base, entonces, de este sistema aparentemente complejo pero finalmente simple, es el factor armonizando de lo 20 x 13. Por ejemplo, mostró que la revolución solar de Venus es de 584 días y esto está de acuerdo con las matemáticas mayas de este calendario. Igualmente, la revolución solar de Mercurio es de 115 días, etcétera.

Brian Swimme escribe en su introducción a José Argüelles en *El factor maya*, que los mayas estaban comprometidos con el estudio del Sol que se manifestó para ellos como la mente y el corazón de la galaxia. Argüelles muestra cómo los calendarios relacionan la revolución y también la frecuencia de los planetas en el Sistema Solar; un tema demasiado extenso como para ir al detalle en este espacio, pero del que al menos cito la parte que más nos interesa, esto es, un sistema calendárico que permite predicciones astronómicas muy precisas.

Al parecer, alrededor del año 843 de nuestro calendario gregoriano, en el auge de su civilización, las ciudades y los centros ceremoniales mayas fueron de repente e inexplicablemente abandonados. Se abandonó las pirámides y se las condenó a ser engullidas por la selva de Yucatán por centenares de años. Hasta el día de hoy no hay explicaciones completamente satisfactorias acerca de lo que aconteció, se habla de guerras, factores medioambientales y huidas.

Refiriéndose a la salida de los mayas en el noveno siglo, José Argüelles anota que una serie de monumentos grabados de una manera muy precisa establecen las correlaciones entre el modelo armónico y el calendario solar terrestre. Sea como fuere, la profecía ejerció una influencia determinante entre los antiguos mayas. Y cabe entonces preguntarse: ¿por qué la obsesión por el tiempo de estos mayas antiguos?

No lo sabemos a ciencia cierta, sólo podemos decir que un momento es ciertamente una medida de oportunidad y que los ciclos de tiempo se están acelerando, como también nuestra percepción de ellos. Y que un cambio, como el profetizado en la corriente del ciclo del Baktún 13 —al finalizar el Baktún 12— marca una transformación de importancia, la cual parece inevitable.

El glifo maya para el periodo 1992 a 2012 es 13 Caña/20 Rey. En *Más allá de las profecías y las predicciones*, Moira Timms interpreta el significando de 13 Caña/20 Rey y nos dice que Trece Caña sincroniza ciclos. Para hacer esto, produce una transformación y crea nuevos principios por medio de la destrucción o de la renovación, quizá por avería o por descubrimiento... 13 Caña es el túnel del tiempo hacia las nuevas dimensiones.

Moira Timms afirma que "cuando se produzca la alineación planetaria y comiencen los cambios evolutivos, tendremos el periodo marcado como 13 Caña. Veinte Ahau es el último glifo del calendario solar y el corazón de este sistema, el cual se unifica y completa todos los ciclos: natural, cultural, religioso y profético. El extremo de la cola de la Edad de Piscis está en nosotros, como es el cierre del Quinto Mundo mesoamericano o el Kali Yuga de los hindúes, todos anidan dentro de la revolución y culminan el Gran Año".

Como vimos anteriormente, los mayas pensaban que hubo Cuatro Soles previos al nuestro y que la Gran Edad maya actual, la quinta, fue hecha para ser una síntesis de las últimas cuatro Grandes Edades y está simbolizada por el glifo Ollin, que significa movimiento o cambio. Esta Edad −comenzada por Quetzalcóatl en el año 3113 antes de Cristo− deberá completar su ciclo el 21 de diciembre del año 2012 de nuestra era. El calendario azteca, basado en el maya, pone al símbolo Ollin en el centro del calendario. Ollin representa un punto de síntesis.

En la Cronología maya, la fecha 3113 se escribe 13.0.0.0.0. El 21 de diciembre del año 2012, la fecha se escribirá 13.0.0.0.0 de nuevo.

El coeficiente 13 en la fecha 13.0.0.0.0. se refiere a la realización de un ciclo de 13 baktunes. Entre el primer ciclo y el ciclo del fin, 13 ciclos baktún −de ligeramente menos de 400 años cada uno− habrán pasado. Por consiguiente, al primer Baktún del nuevo ciclo se le deberá nombrar baktún cero, de nuevo.

Nosotros estamos actualmente en el Baktún 12, en el Baktún de la Transformación de Materia que se mide entre los años 1618 a 2012. Los últimos katunes de esta Edad empezaron en el año 1992 y finalizarán en el año 2012. El glifo para esto es el Katún Tormenta seguida por Sol; un periodo de oscuridad seguido por uno de luz. Aquí es donde nosotros estamos el día de hoy.

El calendario maya ha sido admirado y se le ha prestado una atención mayor en años recientes porque la sabiduría en la que está basado se vuelve más comprensible a nuestra conciencia cuando nos acercamos a un cambio de Portal —con la llegada de Acuario—, no sólo en la posibilidad de cambios polares y transformaciones en la Tierra, no sólo en las alineaciones, sino en la conciencia. Un cambio que en la naturaleza del yin/yang de los ciclos parece cumplirse de manera inevitable.

Muchos puntos de interés se despiertan al estudiar el calendario maya, que hoy no sólo está resolviendo el misterio de muchas civilizaciones antiguas, sino que corrobora y coincide con otras tantas fuentes de profecía, como son los horóscopos astrológicos, las visiones de Edgar Cayce, las cuartetas de Nostradamus, las predicciones de Elizabeth Clare, y las advertencias de la Madre María a través de su aparición como la Virgen de Fátima.

Veamos ahora los tres sistemas más conocidos de interpretación de las antiguas profecías mayas:

1) El Dreamspell

En 1582 el papa Gregorio XII reemplaza el calendario, originalmente creado en Babilonia, por el Calendario Gregoriano actual. Y los seguidores del Dreamspell afirman que este calendario es ficticio. En contraposición, ofrecen una versión moderna del calendario maya principal. Tiene 13 meses (lunas) y cada mes tiene 28 días. Es un calendario del ciclo natural de la luna en torno a la Tierra, el cual es igual a los ciclos menstruales de las mujeres. Los seguidores del Dreampsell afirman que la adopción de este calendario natural estimula la sincronía con el Universo, pues no se trata de una invención humana, sino del descubrimiento de los ciclos y ritmos de la naturaleza, con los cuales nos ponemos en contacto y comprendemos al practicar día a día el calendario lunar maya, cuyo número rector es el 13.

Asimismo, han realizado una serie de predicciones y aseguran que el año de la Rítmica Luna Roja empezó el 26 de julio de 1988 y finalizó el 25 de julio de 1999, periodo en el que empezarían los últimos 13 años del llamado "tiempo viejo". Un tiempo que –basado en el calendario maya– traerá al finalizar una ola de armonía y la liberación de la mente de los límites materiales y entraremos entonces en una nueva concepción de la temporalidad. Como el ciclo del calendario maya actual cubre el periodo comprendido entre el año 3113 antes de Cristo y el año 2012 de nuestra era, es decir, 5125 años solares. Y que, al contrario de otros calendarios antiguos, nunca ha estado en error: todas sus predicciones han sido exactas, pueden jurar que con exactitud los mayores cambios sobrevendrán en el año 2012 del calendario gregoriano.

Los mayas eran matemáticos y adoradores del tiempo. Comprendieron al Tiempo y al Espacio con más precisión que nosotros. Supieron que el planeta Tierra entrará en sincronía con el Universo el año 2012 de nuestra era. En ese momento, habremos alcanzado los límites de nuestra cultura material, basada en un concepto erróneo del transcurrir y del significado de la vida y el cosmos, por lo que dicho concepto sufrirá un derrumbamiento total y la humanidad entrará en una etapa diferente de la historia. La profecía maya anuncia la Era de la Convergencia Armónica que dará fin a la Edad del Materialismo. Al llegar esta nueva etapa, volveremos a la Naturaleza.

Bajo el calendario gregoriano estamos viviendo dentro de un "error en el tiempo" fundamental. Y los seguidores del Dreamspell nos proponen que si desde ahora usamos el calendario maya en la vida cotidiana ayudaremos a sanar al planeta Tierra, al romper el eslabón vicioso entre tiempo y dinero de la ley que nos rige: "el tiempo es oro" y devolveremos la unidad y el entendimiento a la humanidad. La profecía maya dice que muy pronto nosotros no necesitaremos dinero y tendremos telepatía universal. La humanidad entrará en una nueva etapa donde las clases sociales desaparecerán y nuestra comunicación se verá magnificada.

Voy a plantearles la historia de este movimiento que recibe el nombre de Dreamspell, y trataré de ampliar brevemente cuáles son sus visiones.

La historia de Dreamspell

El Dreamspell es parte de un "descargo de tiempo" profético. Fue hallado por José Argüelles dentro de una estela maya del llamado periodo clásico, hallada en Copán, donde está codificado en glifos lo que ha de ocurrirle al mundo cuando se acerque el fin del tiempo viejo. Atraído en su trabajo de decodificación de los códigos de tiempo maya, Argüelles encontró una serie de pronósticos que redactó dentro de un libro que lleva por título *El factor maya,* en el que identificó la fecha para el evento que traerá la paz mundial conocido como la Convergencia Armónica. Argüelles y su esposa, Lloydine, continuaron estudiando la revelación y refinaron su comprensión de los secretos de tiempo tetradimensional en su trabajo subsecuente *El Dreamspell.*

Según José Argüelles, el Dreamspell es "un sistema de creencias que crea un estado continuando de conciencia." Nosotros estamos ahora al final del Dreamspell de la Historia y al principio del Dreamspell de Cultura Láctea. Esto significa que el tiempo del varón dominante, del héroe guerrero, del miedo y del paradigma de la separación está por acabar. Y estamos preparándonos para pasar al paradigma del amor, donde el nuevo héroe es el artista, el sentimiento anímico predominante será la fe y habrá armonía entre los sexos. Pero para legar a este sueño, tendremos que hacer cambios en nuestra concepción del tiempo, abrirnos al amor consubstancial en todos nosotros y volvernos creativos.

Ha habido muchas predicciones horribles acerca de este tiempo en la historia de la Tierra. La más común es la predicción del fin del mundo. Pero esta predicción se basa en un concepto erróneo. Significa que estamos por llegar al final de los Tiempos, es cierto, pero al fin del Tiempo como lo hemos comprendido en Occidente. No al fin del mundo ni del cosmos, no al día del juicio final, sino a una época de grandes transformaciones. Es el fin del viejo concepto del tiempo del patriarcado, limitando, arbitrariamente impuesto y artificial, donde predominó la figura del guerrero héroe, de la separación entre los hombres y del miedo ante el mundo por los premios o castigos que recibiríamos debido a nuestro comportamiento moral o inmoral. Este paradigma se sostuvo en su lugar por el uso del calendario de doce meses y el empleo de una hora dividida en 60 minutos, al que se refieren como el tiempo 12:60.

El fin del tiempo 12:60 y de sus signos artificiales es el principio del retorno al tiempo natural, un tiempo en armonía con la Tierra y con los ciclos naturales codificados en el ciclo biológico de la hembra humana, el ciclo de 13 lunas y 28 días. Esta temporalidad tiene dentro de ella el potencial para reintegrar el equilibrio positivo. Y el propósito de este calendario es hacer disponible estos códigos de tiempo natural a la mayor parte de la gente que vive en las últimas horas del mundo del tiempo viejo.

El secreto del tiempo natural y de los códigos de este tiempo sagrado se localizan dentro del calendario maya clásico, conocido como el tzolkín. Este nuevo tiempo es simultáneamente espiritual y físico. Esto se debe a que se trata no de un tiempo lineal, sino tetradimensional. Y es un puente entre los mundos físico y espiritual porque opera dentro de ambos: además del plano tridimensional en el que nos movemos, el calendario del Dreamspell se diseñó para ayudar a entender los aspectos del tiempo en la cuarta dimensión y dar acceso a los aspectos físicos y espirituales a la vez.

Pongamos por ejemplo un reloj de arena: tiene un aspecto físico tridimensional, la arena baja y se deposita en una superficie o plano bidimensional, es decir, ancho y largo, además de la altura que le confiere la tercera dimensión. Medimos al tiempo como si se tratara de llenar un espacio. E intuitivamente comprendemos que hay algo incorrecto en nuestro proceder, que la "duración" pertenece a otra categoría. La cuarta dimensión nos hace observar esta duración y la relaciona con lo "invisible", el plano espiritual de la Creación.

Dentro del ciclo de 260 días o tzolkín —explica Argüelles— hay 13 ciclos galácticos asociados con los tonos de la Vía Láctea. Para llegar a estas conclusiones realiza un complicado estudio de los ciclos en los cuales el Sistema Solar gira en torno a sí mismo y da vuelta a la galaxia, las etapas de mutación terrestre y otros fenómenos astronómicos y geológicos de amplia magnitud. Su conclusión —resumo sus ideas y remito al lector interesado en leer con detalle la obra de Argüelles— es que el ciclo del tiempo tetradimensional en el que entra el Sistema Solar dentro de la Vía Láctea, está por finalizar en el año 2012. En otras palabras, que el Universo físico se comporta como un gigantesco reloj y que estamos por pasar de una hora universal a otra.

Pero para comprender la importancia de este final, debo aclarar que el ciclo natural del tiempo físico es gobernado por el movimiento de la Tierra alrededor del Sol. Es decir, el calendario "solar" de 365 días.

Pero ese tiempo está dividido por el movimiento de la Luna alrededor de la Tierra, con un ciclo de 28 días, que gobierna los aspectos físicos de vida. No sólo en las mujeres, sino también los hombres estamos colocados dentro de este ciclo. Asimismo, hay grandes y pequeños círculos —respiraciones— que rigen los ritmos circadianos (noche/día), en nuestra regulación de sueño y vigilia, alimentación, etcétera, tal y como lo explica una amplia teoría contemporánea denominada Biorritmos y que muestra el modo en el que el sistema endocrino está estrechamente regulado por los ciclos de luz y oscuridad (día/noche; verano/invierno) y nos determina con base en complejos comportamientos cómo es la vigilia y el sueño, las horas en que nos alimentamos, la reproducción, etcétera. Y que esta serie de ciclos, que ahora comenzamos a comprender están vinculados muy de cerca con aspectos espirituales o "invisibles" del mundo en el que vivimos.

Como podemos entender ahora, el calendario sagrado de los antiguos mayas también muestra las fechas correspondientes a los días sagrados comprendidos dentro del ciclo de 260 días, los cuales gobiernan los aspectos espirituales de nuestra vida. Y así, el calendario Dreamspell ofrece la habilidad de acceder a los aspectos del tiempo físico y espiritual de una manera muy natural. Aunque mucho mejor se comprende practicándolo, esto es, comenzando a regular nuestra vida dentro de estos nuevos ritmos de armonía. Y lo mejor: podemos hacerlo desde ahora, no tenemos que esperar al fin de los tiempos, pues bastará conocerlo y realizarlo, con tanta —o más— facilidad como hoy podemos decir el día, la hora y la fecha en la que estamos viviendo dentro del calendario gregoriano.

También el calendario Dreamspell está diseñado para servir como una tabla de conversión del viejo tiempo 12:60 al nuevo tiempo 13:20, pues contiene las fechas que correlacionan a ambos, es decir, transforma o pone en correspondencia a los 12 meses del tiempo antiguo y a sus respectivos días con los 13 meses con sus 20 días de la cuenta maya.

Una pregunta cae de madura: "Si este ciclo es tan natural, ¿por qué no estamos usándolo?" Veamos cuál es la respuesta:

Los indios americanos antiguos usaron este sistema desde hace mucho tiempo, no sólo los mayas, sino la mayor parte de los pueblos que habitaron en México, Centro América y parte de los Estados Unidos de nuestros días, emplearon estas cuentas relacionadas con los ciclos de la Tierra, el Sol, el Sistema Solar y la Galaxia. Sin embargo, el Calendario Gregoriano fue instituido en Europa por el decreto del papa Gregorio en 1582, el cual no fue más que una actualización del Calendario Juliano original que fue instituido por Julio César como un símbolo de conquista. De este modo, debido a la conquista de América, se instauró en el nuevo continente una temporalidad ficticia.

El propósito de Roma al imponer el Calendario Juliano en las personas por ellos conquistadas era llevar el poder de Roma lo más lejos posible: regular incluso los días y las horas. Invariablemente, este calendario se impuso a los pueblos que estaban utilizando el sistema natural de 28 días y 13 meses o calendario lunar. Aquellas antiguas tribus estaban muy unidas a la naturaleza, debido a su cronometrar la vida como un ciclo natural. Para llevar su poder al extremo, el César impuso un tiempo falso. Un tiempo que los arrancó fuera de la naturaleza. Un tiempo que les obligó a depender del tiempo de Roma. De modo por demás incomprensible, la iglesia cristiana adoptó el calendario romano y lo impuso a todos sus seguidores.

No fue sino hasta principios de 1900 que el calendario de doce meses se aceptó como la norma mundial, fue una amplia lucha de resistencia por parte de pueblos asiáticos, africanos e incluso americanos que no deseaban seguir con esta norma. Es más, incluso dentro de los seguidores de la Biblia, encontramos calendarios diferentes, judíos y mahometanos se rigen por otro tipo de temporalidad. Mientras que algunas comunidades de la India y del Japón se continúa con mediciones basada en el calendario natural; pero como estaba escrito, el tiempo de la oscuridad debía reinar durante su ciclo y las naciones occidentales regidas por guerreros, el temor y los mitos solares impusieron como norma días y fechas basados en el calendario gregoriano. De este modo, metafóricamente hablando, durante dos mil años Roma conquistó al mundo. Y nadie interrogó seriamente la exactitud de ese calendario que, finalmente, se impuso.

Pero miremos brevemente el calendario de doce meses y veremos por qué es una manera tan inexacta para medir el tiempo. En primer lugar, tiene meses de longitudes diferentes y esto nos lleva de inmediato al desconcierto; le pregunto amigo lector, si alguien le diera un metro donde algunos de sus centímetros son más largos y algunos más cortos, ¿lo usaría como una forma exacta de medida? Recordemos este absurdo: 30 días tiene noviembre, junto con abril, julio y septiembre; de veintiocho sólo hay uno y los demás de 31..., para darnos cuenta de la forma desequilibrada –o fuera de armonía– de numerar los días de los meses. Donde los meses de treinta días son los menos e incluso hay un mes que ocasionalmente en lugar de 28 tiene 29 días.

Por otra parte, los nombres de los meses "julio" y "agosto" son los nombres de dos césares que decidieron ser recordados dentro del calendario que, supuestamente, debió tener 10 meses. Y así, septiembre, octubre, noviembre y diciembre son palabras romanas que significan meses 7, 8, 9 y 10 respectivamente. Marzo está dedicado al dios Marte, en tanto que Junio lo está a Jove, es decir, al dios romano Júpiter. En otras palabras: un desorden.

Finalmente, empezar el año el 1° de enero es una fecha arbitrariamente escogida por César. ¿Por qué estamos siguiendo todavía los decretos de Roma?

Cuando nacemos no nos preguntan qué calendario queremos usar. Simplemente se nos impone el tiempo, la temporalidad, el Dreamspell de las personas que vinieron a este mundo antes que nosotros. De esta manera en tiempo es una especie de "reserva mental" que interfiere en todos nuestros conceptos y en la manera en que nosotros lo percibimos y percibimos las cosas que nos rodean. Tenemos que cambiar simplemente nuestras mentes y el tiempo y el mundo cambiarán. De hecho, revertirlas a su estado natural. Este acto dará inicio al movimiento cultural de marcha atrás, para estar en armonía con la naturaleza.

Éste es un tiempo monumental en la historia de la Tierra. Nosotros tenemos la oportunidad para cambiar una de nuestras creencias centrales: la creencia en el tiempo lineal e instaurar desde hoy un tiempo vinculado al espacio y al sentido final del Universo. El calendario de los doce meses contiene la creencia de que el pasado, el presente y el futuro son una especie de línea recta, sin vuelta atrás. Pero el tiempo es un ciclo, no una línea. Y cada vez que el ciclo vuelve al punto de partida, tenemos la oportunidad para hacer nuestras vidas mejores. Sí, efectivamente, éste es el fin del tiempo. También es el final del mundo como lo conocemos. Pero eso no significa destrucción. Nos estamos preparando para el nacimiento de un nuevo mundo en el que podremos vivir y amar en paz, armonía y buena voluntad para todos.

Notas sobre el calendario maya

Los adeptos del Dreamspell aseguran que siguiendo los días mayas podemos recibir efectos benéficos colaterales, así como una expansión de conciencia, debido a la liberación del pensamiento de las barreras dimensionales de espacio y tiempo. Esto puede generar una reacción en cadena mental, cuyos resultados sean perspectivas más amplias y recuerdos cósmicos en que operar, para comenzar una existencia creativa, pacífica y acorde con el desafío de los tiempos. Afirman que es: "tiempo de recordar nuestro antiguo futuro y cumplir nuestro destino solar".

Para ellos, los mayas antiguos son los restos de una cultura cósmica, que hasta hoy ha estado envuelta en el misterio y la confusión.

Declaran que los arqueólogos basan sus "hallazgos" en suposiciones; por lo que las teorías y las especulaciones llenan los libros de "historia", es decir, de ficción histórica y no en los hechos. Para comprender, debemos acercarnos al tzolkín, no sólo con el cuerpo, sino con la mente abierta, afirman. El conocimiento del cosmos está disponible para todos aquellos que pueden abrir sus corazones a la maravilla. Pues la codificación del calendario es intuitiva y se recuerda con sentimientos. Aunque también es muy mental y puede aprenderse con estudio.

El calendario contiene veinte herramientas de activación de la memoria cósmica que actúa recíprocamente con la memoria de su cuerpo, su ADN. El calendario no es sólo un mapa increíblemente exacto de los ciclos del cosmos, sino también es una herramienta que acelera y activa la memoria al evocar la verdad que está detrás del misterio del cosmos.

Cada glifo contiene información precisa en la forma de sentimientos o emociones muy personales e individuales. Cada persona recuerda su propia perspectiva de la verdad basada en su lugar en el sistema del calendario. Esto es algo que usted no necesita aprender, pues es algo que recordará, aseguran los partidarios del Dreamspell.

Piden que usted tenga valor para superar la barrera o la limitación de sus pensamientos y que así recuerde la totalidad de quién es, para vivir su propia integridad personal. Por lo que será necesario que se comprometa durante algún tiempo a esta activación de memoria, pues no hay que esperar resultados al instante. La activación tiene lugar en fases y etapas. Al principio usted encontrará el calendario sagrado como algo bastante mental. Pero si averigua en estas enseñanzas, comprometiéndose a recordar la totalidad de quién es usted siguiendo el calendario durante un ciclo de la Tierra, 365 días, poniendo su mente durante simplemente unos minutos todos los días en el día maya que coincide con el día del calendario gregoriano, conseguirá soñar con más detalle. Usted se sentirá más profundamente, entenderá más claramente, se sentirá parte de un todo mucho más grande. Y recordará fragmentos de información cósmica y solar que le llevarán a integrarse armónicamente con el Cosmos.

Es importante recordar que los antiguos mayas emplearon hasta 20 calendarios diferentes basados en los relojes del Cosmos. Algunos de estos calendarios se remontan diez millones de años y es difícil que usted los necesite, a no ser que sea astrónomo, astrólogo, geólogo o matemático. Afortunadamente nosotros sólo necesitamos tres de estos calendarios para poder trabajar en la vida diaria. Los calendarios que son muy importantes para los seres de la Tierra son haab, tunuc y tzolkín. El tzolkín es el más importante y el que presenta más influencia en los seres humanos.

El haab está basado en los ciclos de la Tierra. Tiene 360 + 5 días, ascendiendo a 365 días. Usa 18 meses con 20 días por cada mes. Y hay un mes 19 llamado uayeb con los 5 días extras. Cada mes tiene su propio nombre o glifo solar.

El tunuc o calendario de la Luna, emplea ciclos de 28 días y está dividido en 4 ciclos más pequeños de 7 días cada uno. Estos ciclos más pequeños son las cuatro fases del ciclo de la Luna y forman las semanas. Lo interesante es que dicho calendario está conformado por semanas naturales que se integran dentro del calendario solar de un modo lógico y no, como ocurre en nuestra medición del tiempo, en el que las semanas jamás coinciden en forma lógica y natural con los meses. El tunuc presenta los llamados "días Portal" y matemáticas basadas en el número 28, días que se relacionan con los días sagrados tzolkín.

Finalmente, el tzolkín, que está basado en los ciclos de las Pléyades que emplean 26 000 años en retornar a una misma posición en el cielo nocturno de la Tierra, pero que se refleja en el calendario que nosotros estamos usando abarcando 260 días. Usa los sagrados números 13 y 20. Los 13 representan los números y 20 representa los glifos del sol. El tzolkín tiene cuatro ciclos más pequeños llamados las estaciones de 65 días, cada una guiada por uno de los cuatro soles de Chickan, Oc, Men y Ahau. Cuenta, también, con días Portal –como el tunuc– que crean un modelo de hélice doble que emplea 52 días y matemáticas basadas en el número 28. Este sagrado calendario todavía se usa para la adivinación.

El año maya 10 Manik

El 15 de marzo de 1999, a seguir de los partidarios del Dreamspell, se produjo una entrada poderosa de energía universal primordial, comenzó el año 10 Manik. Los eventos de este tiempo en particular son considerados por muchos de los practicantes de la astrología maya como precursores del nuevo horario que llevará al cumplimiento de la profecía en el año 2012. El año maya 9 Ik, dio origen a los llamados vientos de cambio, el nuevo año maya, 10 Manik, es un año de transformación, pues las dos lunas llenas que enmarcaron al equinoccio primaveral de 1999 no volverán a repetirse sino hasta el 1° y el 31 de marzo, pero del año 2018.

Perfilado en el libro maya *Cosmología de las Pléyades*, este año de Manik comenzará el tiempo donde nos daremos espacio para sanar la necesidad de búsqueda de seguridad exterior, para comprender finalmente que la única verdadera seguridad viene desde dentro de nosotros mismos. Descubriremos que la Tierra es nuestra casa, no sólo un estado o un país. Manik es pacífico, inspirado y generoso. Esto es lo que Aluna Yaxkín, autora de *Los soles mayas*, un periódico basado en el estudio del tzolkín, quien ha estado trabajando en los calendarios antiguos en el Centro para los Estudios Mayas en Mérida, México, uniendo la información cósmica y la acostumbrada en occidente, a través de su organización Haukín Publishing, que se dedica al redescubrimiento de la sabiduría cósmica de la tierra de las tribus de las estrellas. Y nos aclara que en un año 10, la intención del espíritu se vuelve forma física.

Así, un flujo firmemente vivificante de cambios se ha puesto en movimiento desde 1999 e incluso los medios de comunicación tradicionales están prestando atención a las profecías mayas.

La transformación es causada por la Convergencia Armónica comenzada en agosto de 1987. Cuando el planeta entró en una nueva secuencia de energía que –después de un cambio del polo magnético en el año 2000– estará completo en diciembre del año 2012. Posteriormente, la Tierra se lanzará a un viaje dimensional en el año 2013, todo esto, según José Argüelles.

José Argüelles

José Argüelles, mexicano americano, es un apasionado del calendario maya desde su niñez. Para Argüelles los americanos nativos practicaron una astronomía sofisticada. Después de más de 30 años de investigación, es conocido como una de las mayores autoridades del calendario maya. La evidencia aplastante de profecía maya en la última década del milenio apoya la exactitud del calendario y la interpretación del Dreamspell y, a su vez, según este autor, la Armonización del Tiempo iniciada el 26 de julio de 1992, aunque tuvo su fecha inaugural en agosto de 1987.

En 1992, la Universidad de Guatemala identificó el 26 de julio de 1992 un eclipse pronosticado en el Códice de la ciudad de Dresden –o Códice Dresde– y mostró a la comunidad mundial la sorprendente exactitud de los pronósticos mayas. Argüelles interpretó esa fecha como el nuevo principio del año solar, pues los sistemas europeos y americanos nativos son tan diferentes, que en verdad el único método exacto de sincronizar los dos calendarios y observaciones astronómicas era identificar un evento astronómico significante, como un eclipse.

En el año 755 de nuestra era los sacerdotes mayas profetizaron el eclipse solar total del 11 de julio de 1991 y anunciaron dos eventos que alterarían la vida de la humanidad: el *conocimiento cósmico* y los llamados *cambios de la Tierra*. El 11 de julio de 1991 la profecía comenzó a cumplirse bajo el eclipse del siglo, que los mayas habían etiquetado como el nacimiento del Nuevo Sol.

Basado en el eclipse de julio de 1991, Argüelles identificó el día 26 de julio de 1992, como el momento de comenzar el Cambio de Tiempo, pues por vez primera los occidentales podíamos acceder al conocimiento maya antiguo.

Usando una cuenta día por día, los astrónomos pudieron finalmente sincronizar sus calendarios con los construidos por los sacerdotes mayas y es de allí que surge el calendario Dreamspell que hoy todos podemos comenzar a emplear. Y una vez que se hicieron coincidir los dos calendarios, aquella oscilación comprendida entre 1957 y 2050, desapareció y se comprendió que el año 2012 es la fecha extrema, definida por Thompson como "Proyección".

La proyección de Thompson empleó ahora, en lugar de una cuenta con errores de años, una cuenta día por día para cruzar referencias entre los calendarios maya y europeo.

Terence McKenna y Peter Meyer crearon un software de gráficos fractales que demuestra con exactitud que el solsticio de invierno del año 2012 es la fecha correcta del fin del calendario maya.

El calendario europeo asignado por el papa Gregorio en 1582 es el único que no intercaló ciclos lunares, no así el Calendario Hebraico, diseñado por Enoch, intercala ciclos solares y lunares en una forma similar al maya. El Calendario Dogon, en África, emplea cuatro ciclos —uno de ellos relacionado con la estrella Sirio B— y éstos son: el solar, el lunar, el estelar y el civil. El Calendario Tibetano es tan similar al maya que los estudiosos tradicionales especulan ahora que ellos comparten un origen común. El Calendario Védico está basado en los ciclos cósmicos o Yugas; una astrología hindú antigua usó 27 casas de 13 grados 20 minutos que son números importantes en el calendario maya.

La suma e interrelación de todos estos calendarios proporcionó una herramienta que sincroniza el sistema planetario del Sol con los ciclos de las estrellas más cercanas y aquellas más significativas para nuestro vida, entre ellas las de Orión y las Pléyades.

El Calendario Dogon identificó los siglos XII y XIII como la fecha de la "última visita"; en tanto que el calendario maya identificó el 11 de julio de 1991 como una próxima fecha de visita. Los dos fechas coincidieron con significantes ciclos planetarios. Pero aún no sabemos quiénes o qué nos visitaron o visitarán o si, sencillamente, se trata de grandes coincidencias astronómicas.

Según José Argüelles, las visitas se deben a un ser superior cultural, espiritual y tecnológicamente a nosotros y a quien denomina el Maya. Las culturas visitadas por el Maya, son chamánicas. El Tíbet antiguo es chamánico. El Dogon y los mayas son chamánicos. Esto le permite suponer a Argüelles que el Maya Lácteo es chamánico.

En Israel —en el mundo hebreo antiguo— este Ser dio instrucciones de construir altares y de usar piedras semipreciosas como amuletos, las cuales, curiosamente son idénticas a las usadas por los nativos americanos. Además, de las instrucciones antiguas que hablaban de construir altares y usar piedras preciosas y semipreciosas, ofreció conocimientos que parecerían estar vinculados con las ciencias planetarias, el chamanismo y el flujo cósmico de los eventos. Argüelles asegura que muy pronto podremos ver a los extraterrestres en sus platos voladores, los "hermanos espaciales" como los llama, que no son entidades extranjeras, sino emanaciones del Ser.

Y que si hoy no los vemos o nos parecen un sueño fantástico, un delirio o un cuento de ciencia ficción, ello se debe a la misma naturaleza de la fase del ciclo de 5125 años —5200 tunes— en el que hemos estado envueltos y en el que perdimos de vista a la Galaxia. Sin embargo, nuestro planeta ha llegado a una fase avanzada de sincronización consciente. Formas más complejas de ADN —es decir, formas más avanzadas de la Vida— que habitan en otras partes del cosmos, inducirán un salto artificial y la transformación de la materia. Y todo esto ocurrirá al final de este tiempo. Ésta es la importancia crítica del ciclo de 13 baktunes comprendido entre los años 1618-2012.

La señal de que estamos listos se produjo en dos procesos básicos, el primero involucró el engrandecimiento materialista del poder representado por el prevaleciente atrincheramiento del orden industrial global y en la transformación crítica de la materia que se logró cuando se produjo la bomba atómica. Y el otro, por el aumento del psiquismo, cuando se generó el vivificante campo de la resonancia del planeta, resultando en un amplísimo espectro de efectos brillantes y sorprendentes, desde el avistamiento de platillos voladores y encuentros del tercer tipo, hasta movimientos tectónicos y terrorismo.

La razón de estos intensos efectos experimentados por la psique humana son resultado del impacto global de la radiactividad y la polución electromagnética en la infraestructura del ADN humano.

Pero esta respuesta del ADN, que se experimenta en el reino humano, inclusive en el incremento de la incidencia de cáncer y en las nuevas enfermedades como el SIDA, es realmente sólo una pequeña parte de lo que en el organismo vivo más grande del Sistema Solar, la Tierra, está por experimentar. El cuerpo resonante de la Tierra, su infraestructura vibratoria que literalmente nos sostiene, está en una condición de una intensa "fiebre" llamada resonante disonancia.

Recordando que los planetas funcionan como giroscopios que sostienen una frecuencia modelo entre sus órbitas particulares, "nosotros vemos —dice José Argüelles— esta fiebre a través de sus efectos en el medio ambiente, donde el año 1945 realmente puso en movimiento una ola vibratoria disonante que afecta el giro global del planeta. Si la disonancia no se detiene, entonces, similar a una desenfrenada reacción nuclear en cadena, el resultado será un tambaleo en la rotación de la Tierra y en consecuencia el cambio en el geomagnetismo. Para acomodar la disonancia aumentada, es necesario realizar ajustes hasta una nueva resonancia armónica. Caso contrario, el aumento de bióxido de carbono o la radiación terminarán con nosotros y con el planeta, como está trazado en los 5 200 tunes pasados que procuraron la sincronización".

Luego de la amplia transformación —siempre siguiendo a Argüelles— sabemos que en el año 2013 del calendario gregoriano se entrará en un punto conocido como "sincronización láctea".

José Argüelles cree que a través del tzolkín el maya podía rastrear e interpretar los ciclos de las manchas solares, en este sentido, años después, Adrian Gilbert y Maurice Cotterell desarrollarían ampliamente esta tesis, aunque, como hemos visto, 260 días es el tiempo en que tarda la gestación de un bebé humano y, curiosamente, el tiempo en que tarda en crecer el maíz... Sin embargo, existen correlaciones entre el tzolkín y dos sistemas estelares, específicamente con el grupo de las Pléyades y posiblemente también con el sistema de la estrella Arturo.

Las Pléyades son un cúmulo disperso de unas 400 o 500 estrellas, a unos 415 años luz del Sistema Solar en dirección a la constelación Tauro. Las estrellas están separadas unas de otras por una distancia media de un año luz, y las fotografías muestran que están rodeadas de una nebulosidad que brilla por la luz que reflejan de estas estrellas. Los griegos clásicos le pusieron este nombre por las "Siete Hermanas" de la mitología. Hay observadores que mantienen que a simple vista se pueden ver 12 estrellas del cúmulo. En tanto que Arturo es la cuarta estrella más brillante del cielo, con una magnitud de -0.05. Es una estrella anaranjada del hemisferio norte, en la constelación Boyero y está a unos 40 años luz del sol. Debido a su relativa proximidad, se ha medido su diámetro: unas 23 veces el del sol. Arturo es una de las primeras estrellas en que se detectó el movimiento intrínseco de éstas respecto al fondo de estrellas, mediante la comparación con su posición relativa en los mapas antiguos.

Moira Timms se suma a las opiniones de José Argüelles cuando asegura que el tzolkín puede ser considerado como una tabla periódica de frecuencias galácticas, porque es un fractal de la cuenta de los 26 000 años en los que se produce la llamada precesión de los equinoccios.

Asimismo, son 26 000 años la duración de la vuelta del sol alrededor de las Pléyades.

Por otra parte, existen teorías científicas que aseguran que cada 26 millones de años se produce la periodicidad de extinciones provocadas por una lluvia de cometas, el posible cambio de la polaridad de la Tierra o por el paso a través de la nube de Oort, y otros ciclos celestiales relacionados por periodos de tiempo cuyo factor común es el número 260.

Más adelante nos dice que tibetanos, egipcios, cherokees, hopis y mayas, entre otros pueblos observadores del cielo, se referían a este mismo año como la conclusión de un ciclo de 26 000 años dentro de cada uno de sus sistemas místicos; y que cada uno −también de ellos− desarrolló calendarios basados en este gran ciclo. Por lo tanto se pregunta ¿qué ocurrirá cuando el ciclo de las Pléyades concluya?

Pero para el lector no queda claro si podemos influir −sea positiva o negativamente− en esta serie de acontecimientos y afectar en que se produzcan o no; por un lado, pensamos que la Profecía Maya interpretada por Argüelles no tiene ninguna escapatoria, con lo cual es un determinismo, luego nos dice que debemos realizar ciertas acciones para que todo cuanto está escrito ocurra, pero ni siquiera el mayor escritor del Dreamspell lo tiene claro, pues existen abundantes contradicciones. Un juego de números e interpretaciones cabalísticas muy bien armado, pero difícilmente un asunto que podamos tomar con total seriedad.

2) Predicción maya

Además del llamado Dreamspell, nos encontramos con otras interpretaciones acerca de los calenderios y matemática maya, la dada por los men o curanderos mayas; la propuesta por

Adrian Gilbert y Maurice Cotterell; así como algunas otras que relacionan al Sol y las predicciones, veamos de qué se trata.

Los 20 calendarios y el número 20

Gerardo Kanek, men o curandero maya y Guardián del Tiempo, nacido en Guatemala, comparte con nosotros su saber acerca de los 20 calendarios mayas. Dice que además del tzolkín, es el calendario tzolkij de los más importantes de los calendarios mayas para nosotros. El primero sirve para la observación de tiempo y la energía que se relaciona con el ser humano. Mide 260 días, que es el ciclo del calendario maya. 260 días o 9 meses en el calendario gregoriano. Nueve meses son el tiempo de gestación del ser humano.

—Algunos han creído que es un calendario cósmico. Pero no lo es —asegura—. Sí, hay, en cambio, un calendario cósmico, el cual se llama Huey Lahuj Baktún. También tenemos un calendario del ciclo de los insectos y un calendario planetario llamado haab. Hay cuatro calendarios proféticos. Uno es Tiku. Este corre a través de dos ciclos de duración diferente, ciclos de 52 años. Otro tiene un lapso que se cronometra cada 52 años pero con base en el número 9 y es conocido como Belajeb Bolamtiku, cuya unidad de medida es la duración de 468 años, y sirve para mostrar las profecías mayas. Por ejemplo, empezó al día exacto y a la hora en que Hernán Cortés vino a Veracruz, México. Este calendario ya pasó, pues cumplió un ciclo en 1987.

Belajeb Bolamtiku quiere decir los nueve periodo de oscuridad. Nueve Infiernos, otro nombre que se le ha dado. Los pueblos y grupos étnicos de América tenían que vivir a través de estos ciclos. Vivieron caminos de oscuridad en tiempos de lágrimas, que fueron extremas cuando los dueños de propiedades perdieron sus tierras. Pasaron por estos periodos de mucha tristeza, pero conservaron y compartieron este gran conocimiento.

—Un nuevo ciclo empezó en 1991 —nos dice—. Se llama Huey Lahuj Baktún que quiere decir el ciclo de los 13 cielos. Tiene que una duración de 13 por 52 años, ascendiendo a 676 años.

Nosotros, los mayas, comprendemos que un cambio no empieza inmediatamente. Todo va gradualmente, no como una luz que se aprieta el botón y aparece, sino que tomará tiempo. Este ciclo tiene nueve años de gestación qué acabará en el año 2001. Este periodo de gestación es como los nueve meses que toma crear un ser humano, sólo que esta gestación toma nueve años.

En estos años de gestación para los 13 cielos, pasaron cosas como le ocurre a una madre en las fases de espera de su bebé: experimentaremos primero un tiempo de náusea, luego el bebé dará puntapiés, hasta que finalmente vendrá el dolor del nacimiento. Ésta será la unión de los dos ciclos.

El Huey Lahji −el calendario baktún− se mide por palmos de 5 200 años y acabará (según el calendario gregoriano) el 21 de diciembre del año 2012. Estamos en la cuarta parte de uno de estos dos ciclos que empezaron en 3114 antes de Cristo, cuya duración es de 2 600 años. Cuando reunimos estos dos calendarios, da un periodo de gran destrucción para toda la humanidad.

Estamos viviendo el tiempo de las profecías en otro calendario, el Huey Lahuj Baktún que también habla de los grandes cambios. En este calendario maya, restan todavía 15 años más para que se complete el periodo del año 5185. Cuando este ciclo finalice −hacia el año 2010 del calendario gregoriano−, marcará un periodo de 2100 años en los que se efectuará la restauración del planeta. Porque hemos dado en descuidar a la naturaleza y pasará mucho tiempo antes de que vuelva a su salud.

Escaleras de caracol y el calendario

Las sucesiones y los ciclos −como el de las escaleras de caracol− son parte de la geometría sagrada.

Veamos, por ejemplo, la secuencia de los números pitagóricos: 1, 2, 3, 4, etcétera. Ésta es una secuencia obvia que puede entenderse en forma de ciclos. Conjuntos de números naturales, primos, nones, pares, etcétera.

Del mismo modo, la escalera de caracol de Fibonacci es el fundamento de todas las formas de la vida. La de Fibonacci es una simple matriz que empieza con 1 y se le agrega 1 para conseguir una suma de 2, se agrega el número anterior para conseguir una suma de 3 (1+2=3) entonces repite esta sucesión y se obtiene 5 (2+3=5). Los números de Fibonacci en los primeros 13 lugares son: 1, 1, 2, 3, 5, 8, 13, 21, 34, 55, 89, 144, 233.

En la naturaleza, los sistemas solares están diseñados en espirales o escaleras Fibonacci. También los caracoles de mar. Y el ADN.

Todos estos sistemas se mueven en espiral, como los girasoles. Esta secuencia es una de las herramientas del plan fundamental de la Creación. Los modelos espectaculares encontrados aplicando la espiral Fibonacci para codificar números del calendario maya: 20, 13 y 18, producen asombro.

El sagrado calendario (tzolkín) usa los números 20 y 13; el calendario civil (haab) usa los números 20 y 18, pero el común denominador de ambos es 20. De allí que los mayas emplearan 20 calendarios, tres de los cuales tuvieron la numeración vigesimal como su principio.

El estudio de la pirámide de El Caracol ha traído muchas sorpresas a los científicos, pero es mucho lo que tenemos aún por descifrar.

Las profecías mayas

Algo que intriga mucho sobre la declinación de los mayas es que ellos esperaban una inversión magnética en ese periodo. Se anticiparon a los efectos de la inversión: incremento del bombardeo de los rayos solares y el consecuente aumento en la mortalidad infantil y, por último, la extinción.

Adrian Gilbert y Maurice Cotterell exponen cómo el Número Santo maya 1 366 560 días –conocido como el nacimiento de Venus– fue la base del calendario maya e indica, a su vez, un conocimiento antiguo de los ciclos de las manchas solares y sus efectos en la raza humana.

En su libro, *Las profecías mayas*, exploran el mito de Quetzal-cóatl y su origen en las ideas mayas acerca del sol y muestran los eslabones entre las civilizaciones precolombinas y el Viejo Mundo, en particular con Egipto.

Examinando el registro arqueológico, encuentran evidencia extensa que une los orígenes de la civilización maya con el continente perdido mítico de la Atlántida que, según Platón, se destruyó en una serie de catástrofes.

Adrian Gilbert y Maurice Cotterell revelan que el calendario maya profetiza el fin de la Edad del Jaguar, el quinto sol al finalizar el año 2012 de nuestra era. Esto, según Cotterell, será provocado por una inversión súbita en la tierra del campo magnético. Esta profecía maya apunta una fecha en nuestro propio tiempo, el 22 de diciembre del año 2012.

En 1986 Maurice Cotterell expuso un teoría revolucionaria que relacionaba la astrología y los ciclos del sol. Nuestra estrella tiene un campo magnético inconstante, cuyas variaciones han tenido amplias consecuencias para la vida en la Tierra. El número, tamaño y situación de las manchas solares constantemente cambian y tienen efectos profundos en el polo magnético de la tierra, la magnetosfera. Y lo publicó bajo el título de *Astrogenetics*.

Paralelamente, inventó un programa que computaría la relación entre el campo magnético del Sol y el de la Tierra. El modelo predijo ciclos de manchas solares cada once años y medio. Y otros ciclos, más largos, de 1 366 040 días.

Su trabajo tomó un nuevo giro cuando leyó sobre el número del Códice Dresde: 1 366 560 días. Exactamente dos ciclos de 260 días más grande que el periodo de la mancha solar teórica que podría acarrearnos severos problemas.

En su trabajo, *Astrogenetics*, tuvo indicios de que la fertilidad humana es dependiente de la presencia de manchas solares. Pero con el Códice Dresde y su interrelación, ahora tenía evidencia de que el calendario maya no era arbitrario, sino basado en un conocimiento de los efectos de manchas solares en nuestra vida. Y esto explicaría la obsesión que los mayas tuvieron acerca de los ciclos largos de tiempo y su creencia en el ascenso y caída de cuatro edades del hombre.

En México, Cotterell amplió sus ideas y las dio a la luz pública en televisión, especialmente en sus investigaciones esotéricas en "la Tapa de Palenque", un sarcófago misterioso que ya se había hecho internacionalmente famoso en los años sesenta por Eric von Däniken que creyó era el cuadro de un astronauta antiguo. Cotterell identificó la tapa como un gráfico donde se producía la representación de la filosofía maya y la piedra clave que contenía mensajes ocultos y códigos.

En 1994 se encontró con Adrian Gilbert –quién había escrito un libro acerca de las pirámides egipcias, llamado *El misterio de Orión*– y estaba fascinado al descubrir hasta qué punto los mexicanos antiguos veneraron el crótalo o serpiente de cascabel. Descubrió similitudes culturales curiosas entre los mayas tempranos y los egipcios antiguos, aunque sus civilizaciones estuvieran separadas por milenios. Considerando que los egipcios estudiaron los movimientos de Orión –y sus compañeras Hyades y Sirio–, llegó a la conclusión de que los mayas estuvieron más interesados en las Pléyades. La gran serpiente cósmica parece haber correspondido a la eclíptica. La cabeza de esta serpiente era el sol, fuente de toda la vida en la tierra, que al variar traería modificaciones importantes en nuestro planeta.

Los mayas, como los aztecas, creyeron en que había habido cuatro edades antes de la nuestra. Gilbert pudo relacionar la primera de éstas con la Atlántida e investigó ciertas profecías. Parece que la religión de la serpiente que los conquistadores españoles intentaron erradicar, pueda deber su origen a los sobrevivientes de una raza perdida, algunos de cuyos miembros fueron a Egipto y otros a Centroamérica. El Quetzalcóatl original –cuyo nombra significa "serpiente emplumada" y se identificó con el planeta Venus– probablemente vivió en el fin de la cuarta edad, alrededor del año 3114 antes de Cristo. Comenzó siendo muy ético, con una religión de penitencia, que más tarde degeneró en el sacrificio humano. Otros profetas del mismo nombre vivieron después y por eso Cortés fue confundido con su reencarnación.

En su libro *Las profecías mayas*, Adrián Gilbert y Maurice Cotterell llegan a una serie de conclusiones sorprendentes acerca de la astronomía y matemáticas mayas. Voy a resumirlo:

En 1880 un bibliotecario de la ciudad de Dresden, Ernst Förstemann, anunció los resultados de muchos años de investigación sobre el significado de uno de los libros mayas de corteza sobrevivientes más antiguo, el Códice Dresde. En el centro de los textos astronómicos, sugirió Förstemann, estaba la preocupación de los mayas con el ciclo de 260 días.

Algunos han comentado que esa cadena de días –que se repite de manera interminable– no guarda correspondencia con ningún ritmo celeste. Sin embargo, este ciclo se relaciona con la superposición de los campos magnéticos polar y ecuatorial del sol. Pero el reconocimiento de este ciclo fue posible sólo usando información astronómica más reciente obtenida en los viajes espaciales y en investigaciones concomitantes. Así que, ¿cómo fue posible que los mayas entendieran la importancia, o existencia, de este ciclo que en sí mismo puede ser usado para calcular, al parecer, el momento (para los mayas) de la siguiente inversión magnética solar?

Förstemann notó que al menos "cinco páginas completas" en el Códice Dresde se refieren a las posiciones del planeta Venus. Otros han comentado que la característica más curiosa de los cuadros de Venus es el número de 1 366 560 días, al que se hace referencia como "la fecha de nacimiento de Venus", la cual se ha establecido como el 10 de agosto de año 3113 antes de Cristo.

Este periodo de 1 366 560 días puede ser calculado con facilidad usando el ciclo de 260 días y, de modo curioso –y más importante–, si se cuentan 1 366 560 días (3 744 años de 365 días) hacia adelante desde el comienzo del calendario maya se llega al año 631 después de Cristo, el centro exacto del cambio magnético solar que causó la declinación de los mayas. Esto es 3113 antes de Cristo más 3744 años, igual al año 631, aunque por ciertas matemáticas que Cotrell detalla, dicho año fue en verdad el 627.

Una observación acuciosa del planeta Venus permite relacionar los movimientos de este planeta con los ciclos de las manchas solares, debido a que después de 20 ciclos los mayas esperaban que se materializara la inversión magnética solar, como sucedió.

El desciframiento del sistema de numeración maya revela que ese sistema —como el babilónico— estaba basado en 360 (y a partir de esto se aprende que los mayas no sólo usaban el sistema decimal de base 10, sino también que la unidad de medida para la medición angular era exactamente el mismo que usamos nosotros en la actualidad: 360°.

De modo que si se resta 260 de 620, ¿qué es lo que queda? 620-260 = 360: la base maya para el sistema de numeración. Los mayas estaban indicando que sólo una persona que entendiera la importancia del 260 —junto con las ciencias necesarias de la astronomía, astrología, biología e ingeniería genética— podría descifrar el mensaje de los mayas, codificado en su arquitectura, su sistema de numeración y su arte. Y —según Gilbert y Cotterell— aún más misterioso es que codificaron toda la información contenida en un solo cuadro: la sorprendente Lápida de Palenque.

¿Cuál es la predicción? Cuando el campo magnético del sol cambia de dirección tiende a sacar a la Tierra de su eje. La inclinación de la Tierra está sujeta a terremotos, inundaciones, incendios y erupciones volcánicas.

El campo magnético del sol cambia cinco veces cada ciclo cósmico largo. Esta parecería ser la razón de que los mayas y otros creyeran que la Tierra había sido destruida cuatro veces en el pasado y que la destrucción al comienzo del siglo XXI: la quinta era del sol, seguiría el mismo camino.

El 9 fue el número mágico de los mayas, todos los números relevantes se componen de éste, a excepción del 260. El 260 fue tomado de la superposición de los campos magnéticos polar y ecuatorial del sol, aunque el 360 es la base de la numeración maya.

Los números 144 000, 7 200, 360, 260 y 20 representan ciclos.

El ciclo de las manchas solares se sucede cada 68 302 días (es decir, cada 187 años, aproximadamente), aunque los mayas establecieron que este ciclo, calibrado por el planeta Venus, es de 68 328 días, esto es 26 días más.

20 ciclos de manchas solares –momento en que se producen cambios en la estrella– tiene una duración de 1 366 040 días, que, como dije, representa una cuenta de 3 740 años, aproximadamente. Pero los mayas escribieron el supernúmero 1 366 560 dentro del Códice Dresde, calculado multiplicando cada número del sistema de numeración por 9. Asimismo, en el Templo de la Cruz, en Palenque, se colocó el número 1 359 540, que reconcilia los periodos calibrados por Venus.

En un resumen del sistema de numeración maya, Gilbert y Cotterell proponen que los mayas deseaban comunicar los siguientes mensajes a civilizaciones posteriores:

1) La duración del ciclo de las manchas solares es de 68 302 días y puede calcularse usando el ciclo de 260 días que se deriva a su vez de las variables rotatorias solares P (polo) de 37 días y E (ecuatorial) de 26 días.

2) Este ciclo puede seguir usando al planeta Venus como un calibrador: 117 pasos siderales de Venus (117 x 584) = 68 328 días. Es decir, aproximadamente cada 117 ciclos de Venus se produce un cambio en el Sol.

3) Después de 20 de estos periodos, el campo magnético de la capa neutral deformada del sol cambia de dirección. El campo magnético de la Tierra intenta realinearse con esta nueva orientación magnética y una nueva destrucción cataclísmica es frecuente en la Tierra.

Según parece, el hecho de que los mayas fueran más avanzados –desde el punto de vista intelectual– que las generaciones por venir necesitaba ser transmitido. Pero eran conscientes de que se aproximaba una edad oscura, así que decidieron codificar su saber. El hecho de que los mayas usaran un sistema de conteo vigesimal debía ser transmitido. Esto cumpliría con el punto anterior y la manera en que decidieron hacerlo, fue empleando una matemática vigesimal. Es decir, puede usarse un "sistema de conteo" que sea irracional e ilógico de manera ostensible para comunicar estos hechos:

a) El sistema de conteo debía ser "cíclico", permitiendo la referencia a la periodicidad cíclica de las variables en cuestión (Venus, la Tierra, el polo solar y el ecuador solar) y por consiguiente estar basada en 360 (grados).

b) El sistema debía contener el número de pasos de Venus: 117, que se requieren para observar un cambio magnético en nuestra estrella, el Sol.

c) El sistema debía contener el ciclo de 260 días.

d) El sistema debía interrumpirse después de que se había alcanzado la cifra importante de 1 366 560 días (a fin de enfatizar la importancia de este periodo).

e) Los intentos para racionalizar el sistema más allá de 1 366 560 deben hacer referencias a ciclos que no son requeridos para el propósito de "vigilar" la estrella, (esto es: pictunes, calabtunes, kinchilitunes, etcétera), pues son duraciones que carecen de importancia debido a que cualquier periodo después de la destrucción es irrelevante.

f) Esta contradicción, adoptada en *e*), debería exigir (demandar) un salto intelectual que requiere el uso de un sistema decimal —indicando que ellos conocían dicho sistema decimal y el punto decimal.

De aquí la elección de duraciones del ciclo maya de periodos de 144 000, 7 200, 360, 260 y 20 días y la elección de los sistemas de conteo discutidos aquí. Los números trascienden a todas las lenguas y cualquier ser humano provisto de conocimientos matemáticos sería capaz de interpretar todo cuanto hemos deducido hasta ahora, sencillamente comprendiendo el legado de los mayas, aunque, es muy posible, aquellos grandes sabios ni siquiera imaginaron que las generaciones venideras destruirían casi todo su acervo cultural.

O tal vez sí... Imaginemos que como civilización llegamos a comprender que nuestro fin es inevitable, pero que podremos ayudar a los humanos que habiten la Tierra pongamos dentro de 1 500 años. Sabemos, además, que destruirán nuestros libros, ¿qué podemos hacer?

Así como mandamos naves Voyagers al espacio sideral, podríamos crear una lápida o una estela —difícil de hallar, dentro de una pirámide, por ejemplo— donde codificáramos nuestro saber y pudiéramos escribir nuestras profecías. Y la lápida de Pakal, en Palenque, parece cumplir con estas condiciones.

Pero no sólo nos advirtieron acerca de ese cambio por medio de una sofisticada matemática, sino que lo manifestaron en el ciclo de precesión de los equinoccios. En dicha lápida —dicen Gilbert y Cotterell— se nos muestra que la Tierra gira sobre su eje mientras orbita alrededor del sol. Mientras lo hace, los polos describen un arco en relación con las estrellas. Este comportamiento se conoce como "precesión" y toma alrededor de 26 000 años completar un ciclo. La cifra exacta es muy difícil de obtener debido a que se cree que el movimiento es el resultado de una combinación de influencias; el mayor efecto obedece a las influencias gravitacionales del sol y la luna.

Por lo general se piensa que dura entre 25 800 y 26 000 años, pero pocas fuentes concuerdan en la duración. ¿Podrían los mayas, dada su preocupación por la destrucción cataclísmica, haber indicado que la séptima colisión —que ocurrirá después de 25 627 años— es, de alguna forma, más significativa que las demás? ¿O podría haber sido mucho más simple el mensaje?

En los relatos del Códice Vaticano y en el Calendario de la Piedra del Sol (azteca) se hablan de ciclos que ascienden a cifras cercanas a 25 mil años. ¿Podríamos estar por comenzar un cambio polar, el cual será evidente en el año 2012?

Otra profecía maya

Don Alejandro Oxlaj, un sacerdote de séptima generación que vive en Guatemala y dirige el Consejo de Ancianos Maya Quiché, ha viajado por toda Norteamérica, comparando las profecías de las diferentes tribus nativas y nos dice que es un men, un chaman o adivino maya, que recibe el nombre de Hunbatz.

Hunbatz es el heredero de ese conocimiento. En su libro *Secrets of Mayan Science/Religion (Secretos de la ciencia/religión maya)*, reveló las enseñanzas que se corresponden a las enseñanzas hindúes y budistas sobre astrología, meditación y la raíz septenaria de la creación.

Hunbatz habla de una antigua confederación de ancianos nativos americanos compuesta por representantes procedentes de distintos lugares desde Nicaragua hasta el Círculo Ártico, que ha estado reuniéndose durante miles de años y continúa haciéndolo en la actualidad. Antes de que vinieran los españoles, la confederación decidió ocultar las enseñanzas mayas, confiando su cuidado a ciertas familias.

En una entrevista personal, en la que declara estar trabajando en un nuevo libro, que espera publicar el próximo año, donde registra las profecías mayas de su pueblo, nos habla de Kukulcán —o Quetzalcóatl— no tanto a la luz de un regreso esperado, sino en términos de la posibilidad de que cada uno de nosotros puede alcanzar ese mismo estado excelso al hollar el sendero de consecución del conocimiento.

—Ser un Quetzalcóatl o un Kukulcán —declara— es conocer las siete fuerzas que gobiernan nuestro cuerpo. Y no sólo conocerlas sino también utilizarlas y comprender y entender su íntima relación con las leyes cósmicas y naturales. Debemos comprender los ciclos largos y cortos y las leyes solares que sustentan nuestras vidas. Debemos saber cómo morir, y cómo nacer.

Hijos e hijas de la Luz

Según algunos de los más fanáticos seguidores de la profecía maya, 1995 fue la conclusión de un año increíble, el inicio de una nueva era. Y esto se debió al cumplimiento de una antigua profecía: el arribo del Dalai Lama al Mayab. Aseguran que los maestros reencarnados de la nueva edad de Acuario imploran para que la raza humana despierte, para que de esta manera pueda cumplir con su sagrado destino, que es ser los verdaderos hijos e hijas de la luz cósmica. Y afirman que para el 7 de julio de 1999 posiblemente recibamos una segunda señal.

Aunque, a decir verdad, nadie puede jurar ni que el año 1995 o el de 1999 tuvieran especial importancia... Preferí callar y oír lo que tenía que aportar el men, de nombre Alejandro Oxlaj, conocido como Hunbatz.

—Parece increíble que en los próximos años sucederá todo esto, más apropiado a la ciencia ficción o a una imaginación desbordada, pero que al ser la obra de Dios —o de los dioses—, sucederá.

Esto lo dice como si el futuro formara parte de lo habido.

—Por lo que ya muchos están preparándose para el cambio, del año 2012 cuando —asegura— renaceremos en la Nueva Tierra. —Se requieren obreros para reunir y armonizar la Tierra, para unir los huecos entre los continentes y hacer que las religiones, culturas y razas se reúnan. Es tiempo para cantar. Porque nuestros sueños se harán realidad y viviremos nuestro verdadero destino solar— concluye Hunbatz.

A este tipo de conclusiones llegó cuando usando los ciclos del calendario antiguo, que nos permite comprender la forma en que los mayas entendieron al equinoccio de primavera como el punto de partida para la realización de una profecía, él mismo pudo ingresar en el tiempo sin dimensiones de la profecía. De esta forma, el equinoccio de primavera y el arribo del Dalai Lama a la tierra del Mayab marcaron el fin de un ciclo que traerá a nuestro tiempo el antiguo y oculto conocimiento, liberándonos de esta época de oscuridad. Y así, los seguidores de este tipo de aplicaciones del saber maya deben saber que es el fin de "la edad de creencia" para entrar en la "la edad del conocimiento."

—Entraremos en la Itzá Age o Edad de Acuario. Ya no estaremos en la ilusión —declara Hunbatz.

El chaman maya —como suelen llamarle los simpatizantes del Dreamspell— comparte la predicción con todo el mundo que quiera escucharla, no sólo con los mayas. Pues asegura que:

—Ser maya es algo que está en el corazón y en el espíritu, y no en el color de la piel.

Y nos dice que:

—La sagrada profecía es una llamada para que los trabajadores de la luz terrestre, los hombres del arco iris, nos dediquemos a cultivar la Tierra, como si se tratara de un huerto o jardín precioso (un Edén), donde reunirnos y armonizar. Y para ello, es necesario que comencemos a construir puentes que unan los continentes, las religiones, las culturas y los pueblos.

El Camino del Sol

Es conocimiento común que el sol viaja 182 días al norte y 182 días al sur todos los años. Éste es el ciclo de solsticios. Y en el punto medio de este ciclo está el este y el oeste llamados equinoccios. En el equinoccio, el sol cruza el centro de las cuatro estaciones y su luz y sombra trazan un ángulo recto (90°) directamente encima de la pirámide de Kukulkán en el sitio sagrado de Chichén Itzá.

Esto crea el mundialmente conocido fenómeno de una sombra con forma de serpiente. Esta sombra contiene 7 triángulos que representan el despertar de nuestros siete centros del cuerpo físico e ilustra nuestra conexión con el conjunto estelar de las Pléyades.

Este evento, que ocurre cada equinoccio, tuvo una especial significación en el año 1995, porque entonces comenzó el despertar cósmico humano.

En el año 1475, antes de la llegada de los españoles, El Concilio Maya Supremo, reunido en Wenkal, reveló que un ciclo del calendario de dos veces 260 años tenía que pasar para que la cultura maya volviera a florecer.

En la primavera de 1995, 520 años después, el periodo se completó, finalizando la etapa de oscuridad que trajeron los españoles a la tierra del Sol.

Profecía que puede convertirse en testamento, por medio de la cual la raza humana puede entrar en el camino de la luz cósmica si sigue siendo una especie pensante. Sin embargo, la raza humana tendrá que buscar el camino de iniciación en la Tierra y en el Cielo y a través de esta iniciación contemplará la luminosidad del Gran Espíritu o Hunab Kau (Dios en maya), quien entonces encenderá el relámpago que atravesará las sombras que envuelven a nuestra especie.

–Preparémonos a recibir la luz del conocimiento que viene de Hunab Kau, que transciende la memoria del creador y se vuelve luminosidad eterna– nos pide Hunbatz. Quien entiende a este próspero evento como una iniciación en la conciencia cósmica que dará a la humanidad el despertar en la Edad del Conocimiento.

Las ceremonias solares en Chichén Itzá iniciadas en 1995 crearán un intento por activar a la humanidad en la ciudadanía Láctea. Esto será armonizando la tierra y a sus gentes, comenzando el proceso curativo para el planeta entero y para la humanidad en particular, y así llevarnos a entrar a la Edad de Conocimiento y de Paz. Empezaremos a recordar el conocimiento antiguo del Cosmos.

Los seguidores de Hunbatz dijeron que para aquéllos que no pueden unirse en forma física a la ceremonia, tienen la oportunidad de acudir en espíritu. Hunbatz y el Concilio Maya piden a la humanidad entera que se una en oración a la salida del sol en la mañana de los equinoccios, con la comprensión que todos nosotros estamos conectados y vivimos en la misma casa, la casa de la Tierra Madre.

La oración y la meditación durante la ceremonia solar

Los mayas tienen una relación íntima con el sol. Los antiguos supieron que la información y la energía que necesitamos para vivir viene del sol. Y entendieron que el sol puede sanar nuestro físico y la enfermedad emocional.

Por eso es esencial que en este momento empecemos a recordar cómo usar el sol una vez más.

Para quienes desean recibir iniciación solar –como lo hicieron los mayas del pasado durante miles de años– lo primero es volver a conectarse con el sol. Es un proceso simple y todo lo que se necesita es el anhelo de corazón para empezar a recibir vida procedente de la energía, la luz y la información, directamente del sol, una vez más.

Es una ceremonia solar simple que puede empezarse ahora mismo. Y si se realiza durante el equinoccio primaveral, lo haremos al unísono con otros muchos hermanos mayas alrededor del mundo.

Cuando nos animemos a comenzar a hacer meditaciones solares, por ejemplo, cuando salimos a caminar en las mañanas, sentiremos mejorar todos los aspectos de nuestras vidas.

La ceremonia solar sencilla que puede hacerse en la mañana comienza cuando nos colocamos frente al sol del amanecer y empezamos a meditar.

Con respeto, pregúntele a Hunab Kau si tiene permiso para volver a entrar en su memoria. Pida ser llevado hasta el antiguo conocimiento del cosmos. Cuando el sol empiece a ascender en el horizonte, véalo directamente; pero por favor, con discreción, simplemente unas décimas de segundo de pura luz solar directamente a los ojos será bastante; más, lastimará. Y la falta de respeto, ciega.

Entonces cierre sus ojos y empiece a decir "Kin" y tome Su espíritu en sus manos delante de su cara, como si estuviera sosteniendo una esfera.

Así como Om-m-m es el nombre de la Tierra, Kin es el nombre del sol.

Parece un "Kiiiiiinnn". Se necesita practicar para conseguir el hábito. Cuando la oración es apropiada, oirá el sonido del sol en las orejas y en su cabeza. Diga Kin, Kinn, Kinnn, Kinnnn, 7 veces para su cuerpo, 7 veces para su espíritu y 7 veces para despertar al humano cósmico.

Sentirá la energía de su espíritu en ¡sus manos! Sentirá la vibración en sus manos. Oirá el sonido del sol en su corazón.

Ahora que ha recibido al sol, lleve las bendiciones de su espíritu a la Tierra. Para ello, nos ponemos de rodillas o nos doblamos y colocamos las palmas de las manos contra la Tierra, para permitir al espíritu solar entrar en la Tierra y enviar su bendiciones e intenciones en el camino hacia el despertar.

La Profecía Tibetana: Conexiones entre lamas y mayas

Hunbatz empezó a revelar la historia y las profecías mayas antiguas, acerca de la creación del cosmos y sobre las conexiones entre la Tierra, Orión y las Pléyades. Así como la conexión entre el Tíbet y el Mayab, revelada por una visita de Su Santidad el Dalai Lama a tierras mexicanas, que ha sido el punto de partida de la mayor revelación.

En mayo de 1994, Hunbatz envió a muchas personas algunas páginas del sagrado manuscrito que completa la historia que hemos venido contando desde que conocemos el *Chilam Balam* y el *Popol Vuh*. Dando permiso para publicarlas, "pues ya era el tiempo en el que los que querían saber, debían saber", únicamente rogando que se respetaran las enseñanzas.

Este texto, tomado de un sagrado manuscrito, pertenece a todos los hombres y mujeres del mundo y comienza buscando la iniciación solar para el mundo.

El texto de Hunbatz:

Cuando el tiempo no tenía ninguna edad, Tepeu y Gugumatz surgidos de los cielos como Creadores, aparecieron. Muchas veces se encontraron y gracias a la armonía que se había establecido entre ellos tomaron una gran decisión. Preguntaron a Hunab Kau si tenían su consentimiento para la creación del ser humano y de todas las formas de vida en la Tierra Madre.

Hunab Kau respondió:

—Desde mi casa en los cielos, imaginaré toda la Creación en la Tierra. Y ustedes serán los artistas de lo que yo crearé.

Hunab Kau construyó su casa en forma de una pirámide. En el punto más alto se instaló Huyubcaan.

Hunab Kau le dijo:

—De Huyubcaan partirá él aliento de lo que todo empieza a tomar vida.

De esta manera, se establecieron en el la casa de Dios en los cielos.

Hunab Kau puso en el centro de su casa piramidal a la constelación de Orión, para que pudiera ser una luz de gran brillo. La creó con múltiples colores que armonizaron con la música celestial cósmica de los cielos.

Hunab Kau estableció que el ser humano podía entrar espiritualmente en este sagrado templo para siempre y que hacia allí viajarían las almas. Todo esto fue hecho por Hunab Kau en siete medidas de tiempo.

A Tepeu y Gugumatz les dijo:

—Quédense juntos siempre. Usted, Huyubcaan, vivirá en el punto más alto de mi morada. Cada uno de ustedes será una estrella.

Hunab Kau continuó:

—Cuiden de la luz, cuando salga de mi templo. Al formar al ser humano, enséñenle a venerar mi casa, pues dentro de ella encontrarán la luz que necesita para la vida eterna. También enséñenlo que deberá desviarse, debido a sus errores, vicios o ignorancia, pero que entonces yo, Hunab Kau salvaré a mis querido seres y los llevaré hasta mi templo de sabiduría, donde los curaré y nutriré de nuevo con mi luz, para guiarlos de nueva cuenta.

Entonces, juntos, Tepeu, Gugumatz y Huyubcaan, realizaron rituales de purificación, usando esa luz inteligente para el beneficio de sus seres queridos a quienes crearon, y así nosotros, los hombres podemos llegar a vivir en la luz de sabiduría eterna.

Esto fue dicho, y también lo hecho por los Creadores antes del tiempo. Por esta razón, los mayas vigilarán atentamente los cielos durante miles de años: para entender la gran ley de Hunab Kau.

En su honor se construyeron miles de pirámides en muchas partes del mundo. Los mayas viajaron al norte, al sur, al este y al oeste y cuando llegaron a la provincia de Shenshi, un grupo de pirámides se construyó, una de ellas sube unos 300 metros sobre la tierra. Cuando llegaron al Tíbet, la gran pirámide blanca se construyó a lo largo de la cordillera del Himalaya. En el bosque de Camboya fue la pirámide de Angkor y en Egipto, otras más. Todos estos templos se construyeron cuando la humanidad vivió en la luz de la sabiduría cósmica.

En Wenkal, en el año 1475, cuando el Concilio Sacerdotal Supremo se congregó para que los sacerdotes mayas recordaron la profecía antigua, se dijo que al acabar 5 veces un fuego nuevo doble (520 años), un hermano de tierras lejanas vendrá a despertar a los mayas que permanecieron dormidos durante un periodo de oscuridad. Vendrá *vestido con los colores del Sol, qué recordarán su compromiso con su creador.*

Su Santidad, el Dalai Lama, llegó vestido con colores del sol, que son rojo y amarillo. Su Santidad también viajo por mar para visitar la tierra maya, tal y como estaba previsto.

En esa misma reunión, se profetizó que la oscuridad comenzaría con el nacimiento de dos personas, que sucederían 4 y 13 años después de la reunión de Wenkal.

Este calendario se compuso al sumar dos veces 13 periodos de 20 años cada uno o 260 años, dando un total de 520 años, que se contaban a partir de 1475, hasta llegar al año 1995.

En 1995 el ciclo se completó. Fue un año en el que la sagrada raza humana entró en el camino de la luz cósmica para seguir siendo una especie con pensamientos. La raza humana tendrá que buscar el camino de iniciación en la Tierra y en el Cielo. 1995 —en el Equinoccio Vernal— marcó el principio de una Nueva Era.

Por la noche nuevamente podemos observar la casa piramidal de Hunab Kau. En espíritu visitar a Tepeu, Gugumatz y Huyubcaan, nuestros Formadores que pueden conducirnos a la casa de Dios. Juntos, ellos oran, meditan y trabajan con la sagrada luz de la estrella más luminosa de Orión, Bellatrix, para que su luz ilumine a la gente de la Tierra.

A través de esta iniciación serán capaces de conducirnos a ver la luminosidad del Gran Espíritu.

Cuando esta iniciación espiritual esté completada en la casa de Hunab Kau en cielo, el espíritu de cada iniciado será iluminado y entonces, Él volverá a la Tierra para despertar el cuerpo al tomarlo de las pirámides.

Chichén Itzá, Uxmal, Kaba, Etzná, Palenque, todos estos sagrados centros mayas tienen una función específica para despertar los 7 poderes.

Sólo a través de la iniciación el cuerpo de la humanidad será despertado.

Es por ello que los maestros reencarnados de la nueva edad de Acuario imploran para que el sagrado corazón humano despierte, para que de esta manera pueda cumplir su sagrado destino que es ser los verdaderos hijos e hijas de la luz cósmica.

Cuando se aproxime el tiempo del conocimiento, la luz en el centro de la casa piramidal de Hunab Kau se encenderá y esta luz agujereará las sombras que envuelvan a la raza humana.

Estemos preparados para recibir la luz del conocimiento que viene de Hunab Kau y que transciende la memoria del Creador y vuelve a los seres luz de eterna luminosidad.

3) La Ciudad Sol

Hace tiempo, asistí a una conferencia en el Ateneo de Caracas, dictada por un grupo de profesionales vinculados con la facultad de Arqueología de la Universidad de Caracas, Venezuela, donde mostraron fotografías, videos y planos fotoaerogramétricos que sustentaban la teoría de la Gran Ciudad del Sol —perdida en la mitología maya— probable origen de toda la civilización del continente Americano.

Por lo que allí explicaron, esta ciudad tendría diez mil, quizás doce mil años de antigüedad, es decir más del doble de las antiguas civilizaciones conocidas por la historia de nuestra época.

La cual habría dado por migración origen a las civilizaciones que se encontraban en América cuando el descubrimiento, miles de años después.

Pero para esa fecha, cuando aparecieron los olmecas, los mayas y las demás civilización de América, la ciudad dorada, la Ciudad del Sol, estaba sepultada por la naturaleza dentro de la cadena montañosa que rodea el valle de Caracas y se había convertido en un mito: El Dorado o la Atlántida.

En aquella ocasión, los científicos presentaron fotos de muros de gran magnitud, videos con gran cantidad de petroglifos, transparencias de algo que parece una estatua de grandes proporciones, un anfiteatro y algunas estructuras que pudieran coincidir con el alma de una pirámide, todo ello dentro de un plano de lo que podría ser el centro de una ciudad —en el tope del pico Naiguatá— incluyendo parte del Litoral Central y su plataforma continental, en donde aparentemente se han encontrado formaciones sumergidas. Según explicaron también, para ese entonces el valle de Caracas era un gran lago en forma de águila.

Pero lo que más me llamó la atención de esta conferencia, es que explicaron que los vocablos que componen la palabra Venezuela significan en el antiguo lenguaje de los indios de la zona: "La Tierra de los Templos Durmientes" y no, como suele ser costumbre, llamar a este país la pequeña Venecia.

Los expositores piensan que cuando los españoles llegaron a estas tierras, ya este sonido existía en boca de los indios, y que Américo Vespucio lo tomó para dar origen al nombre de la Capitanía General. Por similitud, cuando frente a los palafitos en el lago de Maracaibo recordara a su querida ciudad natal, Venecia, los indios le dijeron señalando la ciudad perdida "Venezuela" o algo parecido, y él habrá jurado que aquella era una Venecia en miniatura.

Pensemos ahora en el tiempo no como una línea recta, sino como una espiral. Y al Sistema Solar no como un mero conjunto de materia inerte, sino como un espacio para el crecimiento de una especie galáctica, donde cada uno de los astros fue puesto allí con un propósito de crecimiento. De ser así, los antiguos pudieron dejar señales. Algunas más evidentes que otras.

El petróleo, por ejemplo, puede ser un recurso y, curiosamente, un símbolo… Fue en Medio Oriente donde se concentró en tiempos remotos grandes cantidades de vida, que luego quedaría atrapada en el subsuelo para dar origen a los grandes yacimientos petrolíferos que hoy se conocen. Y fue también en esa zona —entre el Tigris y el Eufrates— que surgieron las primeras civilizaciones conocidas.

O las que llamamos primeras civilizaciones, hasta hoy.

Son países petroleros en la actualidad, donde aparecieron las tres grandes religiones monoteístas del planeta: La Judaica, la Cristiana y la Islámica.

Por similitud, ¿por qué no pensar que esto mismo ocurrió en otro punto del planeta en donde hubo concentraciones similares de energía, pero en una época remota?

Este otro punto podría ser Venezuela, la cual cuenta con grandes yacimientos petrolíferos en proporciones similares o mayores a los del Medio Oriente, sólo que la gran civilización que aquí existió, ha permanecido escondida para el hombre contemporáneo hasta estos momentos de definición, en donde se debate el camino a seguir y la posibilidad de continuidad de la especie humana en un planeta que se nos ha vuelto cada día más pequeño.

La Ciudad del Sol (Caracas) habría sido la fuente de inspiración y el origen de las civilizaciones inca y maya, con todas sus derivaciones.

Civilizaciones que legaron —a pesar de la destrucción de muchos de sus textos— mensajes de profunda sabiduría, quizás claves para entender el nuevo rumbo que debe seguir el hombre al iniciar su marcha planetaria.

Para los antiguos el tiempo era arte, para nosotros resulta que el tiempo es oro. Pero ¿qué hemos logrado con esto último? Una carrera hacia la materialización, dando origen a organizaciones y entes depredadores del ambiente y a una separación cada vez más profunda de los que tienen y los que no tienen, a una ruina espiritual, a un mundo que parecería no tener salida, a no ser su propio fin.

Por ello, el "Sistema Auto Sustentable" —en lo ecológico, en lo social y en lo económico— se ha vuelto el paradigma a encontrar. Pero, ¿dónde hallarlo?

Todas las profecías hablan del tiempo cuando los seres tendrán que enfrentarse a la elección entre seguir el mismo camino con codicia y tecnología, o ir en dirección del Espíritu. Siento —y otros sienten también—, que ahora es el tiempo en el que debemos enfrentar tal elección. Necesitamos ir en dirección del Espíritu. Ahora.

Estas profecías fueron dejadas a la gente del planeta para prevenir.

En cumplimiento a todas las profecías, esa elección está disponible para todas las personas del planeta, cuando el Nuevo Calendario y el Viejo Calendario estén alineados. Desde entonces, tendrán trece años para realizar los cambios necesarios en sus vidas.

Esta es la esencia del Gran Cambio del Calendario que comenzó en 1998. Y que podemos llamar el Plan de Paz de la Revolución en el Tiempo.

El Plan de Paz de la Revolución en el Tiempo significa retirarse del viejo tiempo de guerra y codicia y entrar al nuevo tiempo de paz y abundancia espiritual.

Las profecías mayas inscritas en los altares también aseguran "el retorno de los hombres sabios" y lo expresan en sus bailes diversos grupos de la región. "El alba viene, el alba llega, las personas tendrán paz y contento", dice una frase del *Popul Vuh*. Según los mayas, la era de oscuridad o "el camino de lágrimas" acabará en 13 Katún Ahau y será el principio del tiempo de sabiduría y luz.

El calendario maya establece la fecha del 22 de diciembre del años 2012 como el tiempo en que acabará nuestra edad presente. Cambios alrededor de ese tiempo en el campo magnético del sol podrían tener consecuencias para todos nosotros. Quizás ya estamos dando testimonio de los principios de este cambio con el avance de la desertización de cada vez más tierras. Esto parece haber pasado en más de una ocasión de manera localizada, por ejemplo, llevando al derrumbamiento de la civilización maya. Quizá las ruinas de las ciudades de la selva sean una advertencia para todos nosotros.

Una bendición maya para usted y su porvenir en el nuevo año:

XATA ZAC XATA AMAC

("Sólo puede haber paz en Su Presencia")

Anexo

Los mayas en internet

Directorio acerca de los mayas: http://www.geocities.com/-
alfafox/maya01.htm

Mesoamérica Online: GB Online's Mesoamerica http://
pages.prodigy.com/GBonline/mesowelc.html

Archivos de fotografías sobre los mayas: Maya Photo Archive http:/
/www.sci.mus.mn.us/sln/ma/teacher.html

Arte Maya Tz'utuhil Gallery http://www.artemaya.com/

Página de arqueología mesoamericana: A Mesoamerican
Archaeology WWW Page http://copan.bioz.unibas.ch/
meso.html

En esta página puede encontrarse un programa gratuito
para PC o Macintosh que instala en nuestra computadora
un calendario maya.

El misterio de los mayas: CMC - Mystery of the Maya
http://www.civilization.ca/membrs/civiliz/maya/mminteng.html

Escritura de los mayas: The Mayan Epigraphic Database Project
http://jefferson.village.virginia.edu/med/medwww.html

El Mundo Maya http://www.ccu.umich.mx/mmaya

Visita a Yucatán: http://kin.cieamer.conacyt.mx/Yucatan/
Home.html

Centro de documentación acerca de los maya: Maya Center http:/
/www.realtime.net/maya/maya.html

La red informática sobre Yucatán: The Yucatán Web http://
www.yucatanweb.com/

Los mayas: http://udgftp.cencar.udg.mx/Precolombina/
intropre.html

Más información sobre artesanía maya, agricultura, economía
en *Diario de Yucatán:* http://www.yucatan.com.mx/mayas/
mapamay.htm

Las páginas de la *Universidad de Campeche* tienen secciones dedicadas a explicar los restos arqueológicos de esa zona, algunas leyendas, la sociedad y algunas palabras del vocabulario maya:

http://www.uacam.mx/campeche/maya/maya.htm

El Museo de las Culturas Prehispánicas (Puerto Vallarta, Jalisco, México) y la Universidad de Guadalajara (México) nos permiten realizar una visita virtual por las salas del museo:

http://mexplaza.udg.mx/Museo/

Es muy interesante –dentro de este Museo– la visita a las salas sobre *las culturas mesoamericanas:*

http://mexplaza.udg.mx/Museo/Vistas/vista5.html.

El procedimiento para la visita virtual es muy sencillo. Para ir de una sala a otra no hay mas que pulsar en las flechas correspondientes. Para ver el contenido una sala hay que pulsar sobre las vitrinas o paneles de la vista general de la sala que estamos visitando.

Profecías mayas: http://www.digitalpla.net/~prophecy/mayan.htm

Profecías del Milenio: http://www.geocities.com/Eureka/Park/2631/profec.htm

Indíce

Antiguas profecías mayas
fue impreso en marzo de 2000 en
Q Graphics
Oriente 149-C, núm. 126
08500, México, D.F.

Jorge A. Tschwanmaver
se imprimió en mayo de 2000 en
Q Gráphica
Oriente 140-C, núm. 126
09310, México, D.F.